*Für meine Töchter*
*Susanne und Isabel*

# Inhalt

# Gute Laune – schlechte Laune

## *Sind wir unseren Stimmungen hilflos ausgeliefert?*

Gute Laune ist etwas Wunderbares, ein herrliches Gefühl. Alles geht ganz leicht, fast wie von selbst. Manchmal genügen dafür kleine Dinge, und die Seele schwingt sich wie ein Vogel bis in den Himmel.

Mir ging es vor einiger Zeit so. Ich saß im Zug. Es war kurz vor Hannover und ich blätterte in einem meiner Bücher, um nach einer passenden Geschichte für meinen Vortrag dort zu suchen.

Da beugte sich eine ältere Dame zu mir herüber und meinte: „Sie! In dem Buch da müssen Sie nicht blättern! Das müssen Sie *lesen*. Es ist köstlich!"

„Danke, das freut mich. Ich habe es nämlich geschrieben."

„Nein!"

„Doch!"

„Und ich bin die Urenkelin von Mörike."

„Nein!"

„Doch!"

Wir haben uns dann noch sehr angeregt unterhalten. Und ich dachte: Ich habe den schönsten Beruf der Welt!

Aber es genügt auch eine Kleinigkeit – ein Blick, ein Brief, eine Bemerkung, ein falscher Ton –, und die Stimmung sinkt bis in den Keller. Mühsam schleppe ich mich durch den Tag.

Meistens habe ich zwar gute Laune, aber neulich war ich richtig mies drauf, für nichts zu gebrauchen. Ich traf meine Nachbarin und fragte sie: „Doris, was tust du, wenn du schlechte Laune hast?"

„Wenn ich schlechte Laune hab, dann hab ich schlechte Laune! Das kommt doch vor. Da kannst du nichts machen. Das liegt am Mond."

„Am Mond?"

„Ja, das sind lunare Einflüsse. Du weißt doch: Das Wort Laune kommt von *luna*, dem lateinischen Wort für Mond. Schon immer wurde der Mondwechsel mit den wechselnden Stimmungen der Menschen in Zusammenhang gebracht."

„Also davon verstehe ich nichts. Ich könnte nicht einmal sagen, ob der Mond gerade abnimmt oder zunimmt. Ich weiß nur, dass ich wieder zugenommen habe, weil ich bei schlechter Laune immer Schokolade esse. Der Mond ist also schuld daran? Ich dachte schon, es läge an mir!"

Ich weiß nicht, ob Doris recht hat. Aber das Wort Laune kommt tatsächlich von *luna* (Mond). Doch was immer der Mond auslöst, ihn kümmert meine Befindlichkeit ja nicht.

Anders ist es mit Gott, der mich geschaffen hat. In den alten Weisheitsworten Salomos heißt es: „Gott ist einer, der achthat auf deine Seele" (Sprüche 24,12). Er hat mir seinen Atem, seinen Geist, eingehaucht, so wurde ich ein lebendiges Wesen. Ein Mensch aus Fleisch und Blut mit Stimmungen und Launen, Lachen und Weinen, ein sehr empfindsames, verletzliches Geschöpf, ein Mensch, der jemanden braucht, der auf ihn „achthat". Der ihm auch an schlechten Tagen die Treue hält. Ich bin also nicht immer nur mir selbst ausgeliefert mit meinen Höhen und Tiefen. Es gibt einen, an den ich mich wenden kann, weil mein Leben aus seiner Hand kommt.

Aber wie ist das eigentlich mit den guten und schlechten Launen? Warum kommt es immer wieder zu einem Stimmungswechsel? Zu Stimmungseinbrüchen?

Natürlich darf ich mal schlecht gelaunt sein. Aber wenn die schlechte Laune anhält und ich darunter leide – und die anderen dann ja auch – was kann ich tun, um aus dem Stimmungstief wieder herauszukommen? Was tut Gott, um mir zu helfen? Oder muss ich es allein schaffen? Kann ich überhaupt etwas tun – außer Schokolade zu essen – oder sind wir unseren Stimmungen hilflos ausgeliefert?

Sosehr ich an guten Tagen die Leichtigkeit des Lebens genieße und mir geradezu Flügel wachsen, die mich über Schwierigkeiten hinwegtragen, ist solch ein Stimmungshoch leider kein Dauerzustand. Immer wieder gibt es Stimmungseinbrüche, und sei es auch nur, dass sich die schlechte Laune eines anderen Menschen mir wie Mehltau auf die Seele legt. Seien es Enttäuschungen, Verletzungen, kleine spitze Bemerkungen, eine Arbeit, die nicht gelingt, also vergebliche Mühe – all das zieht mich runter.

Wir wehren uns dagegen und versuchen den Gute-Laune-Pegel zu halten und das Abgleiten in eine miese Stimmung zu vermeiden. Schnell greifen wir zu etwas Süßem, trinken einen starken Kaffee, telefonieren mit einer

Freundin, hören Musik, laufen über die Felder oder trinken am Abend ein Glas Wein. Warum nicht?

Aber nicht immer gelingt es, sich vor dem Versinken in schlechte Laune zu retten. Schlechte Laune gehört zum Leben wie ein Schnupfen. Manchmal sind wir eben verschnupft oder verstimmt. Das ist in Ordnung, solange wir selbst und die anderen es aushalten. Kein Mensch hat immer gute Laune.

## Was verursacht schlechte Laune?

Schlechte Laune hat sehr unterschiedliche Ursachen. Sie ist nicht einfach ein Versagen, für das wir uns auch noch schuldig fühlen müssten: mangelnde Disziplin zum Beispiel. Eine Verstimmung kann körperliche Gründe haben. Der Körper schickt uns ein Signal, dass es ihm nicht gutgeht. Vielleicht fehlt Schlaf oder Entspannung. Das Ausruhen ist zu kurz gekommen. Oder brauchen wir – im Gegenteil – mehr Bewegung an frischer Luft? Unsere Seele driftet in schlechte Laune ab, wenn wir körperlich nicht mehr in Form sind: überarbeitet, erschöpft, hungrig, wenn die Energiereserven des Körpers aufgebraucht sind. Hunger macht grantig. Essen bringt gute Laune. Aber welches Essen?

Das Gehirn, unser zentrales Stimmungsorgan, befiehlt uns, wenn es einen Stimmungsabfall registriert: Iss Schokolade! Trink einen süßen Saft oder Kaffee! Zucker ist die mächtigste Gehirndroge, sie wirkt sofort, aber nicht sehr lange. Schnell kommen dann ein Abfall an Energie und größere Müdigkeit als vorher. Andere Kohlehydrate dagegen (Nudeln, Reis, Kartoffeln, Brot, Müsli) wirken entspannend und stimmungsaufhellend, wenn man sie nicht in Kombination mit Fleisch und anderen Eiweißprodukten isst. So die Theorie der Trennkost. Vielleicht ist etwas dran an dem Satz: Der Mensch ist, was er isst!

Aber natürlich gibt es noch andere Dinge, die schlechte Laune verursachen. Vielleicht ist der Ehemann, der Partner oder ein Kollege missgestimmt und diese miese Laune überträgt sich auf uns. Oder es fiel ein liebloses Wort, das mich kränkt. Vielleicht kam gar kein Wort, keine Antwort, auf die ich doch so gehofft hatte. Manchmal genügt auch ein böser Blick oder ein Vorhaben, das nicht gelingt. Das alles hat Einfluss auf meine Stimmung, die dann eher gedämpft und apathisch ist. Hinzu kommt oft eine Überforderung durch die Kinder oder an der Arbeitsstelle.

Doch manchmal ist von den äußeren Gegebenheiten her eigentlich alles gut. Warum kann ich mich trotzdem nicht freuen? Vielleicht sind da Sorgen oder Ängste, über die ich nicht sprechen mag. Eine Unzufriedenheit oder ein zu geringes Selbstwertgefühl. In mir stimmt etwas nicht. Dann ist es wichtig, die Ursache herauszufinden und zu klären, woher die schlechte Laune kommt.

### Stimmungen haben uns etwas zu sagen

Es ist wichtig, auf Stimmungen zu hören. Sie haben uns etwas zu sagen. Bei Schuldgefühlen könnte es sein, dass wir zu weit gegangen sind mit dem Rechthabenwollen. Traurigkeit könnte bedeuten, dass in unserem Leben etwas nicht stimmt. Geschieht uns Unrecht? Verärgerung heißt: Etwas hat uns angegriffen, frustriert. So könnten wir in den eigenen Stimmungen lesen und herausfinden, wo etwas verändert oder richtiggestellt werden müsste.

Es gibt Tage, an denen man sich selbst nicht leiden kann – und die anderen erst recht nicht. Dann wird gefragt: „Sag mal, bist du mit dem falschen Bein aus dem Bett aufgestanden? Ist dir eine Laus über die Leber gelaufen? Liegt dir etwas quer im Magen?" Unsere Sprache sagt deutlich, wie eng Körper und Seele zusammenhängen.

Es ist gut zu klären, woher die Unzufriedenheit kommt. Bin ich unzufrieden mit mir selbst? Mit anderen? Vielleicht sogar mit Gott, der mir nicht gibt, worum ich bitte? Vor einiger Zeit sagte eine Frau zu mir: „Seit etlichen Jahren bitte ich Gott darum, dass unsere Tochter zu uns zurückkommt. Aber es passiert nichts. Jetzt verliere ich langsam die Geduld und werde böse ..."

Enttäuscht zu werden, tut weh. Aber wie ist das mit den Ansprüchen an das Leben? Verlange und erwarte ich zu viel? Liegt hier der Grund meiner Verstimmung? Müsste ich in Kopf und Herz vielleicht einmal aufräumen wie in einer Rumpelkammer und das, was mir die Freude am Leben verdirbt, mit etwas Abstand betrachten? Könnten andere mir dabei helfen? Es wäre schade, wenn meine schlechte Laune mich daran hinderte, das Leben zu genießen, und ich dadurch auch für andere ungenießbar würde.

Wenn ich schlechte Laune habe, nehme ich gern ein heißes Bad – vielleicht mit einem Duftschaum. Das entspannt. In diesem Wohlgefühl kann ich viel klarer wahrnehmen, was mich ärgert oder plagt. Und was da auftaucht, das nehme ich und stelle es – in Gedanken – an das Fußende der Badewanne. Dann bin ich schon mal mindestens anderthalb Meter davon getrennt. Dieser Abstand tut gut und hilft mir zu überlegen: Was ist eigentlich so schlimm daran? Kann ich es ändern? Und wenn nicht – könnte ich das, was mich betrübt, nicht in mein Leben aufnehmen? Wenn ich weiß, dass all das, was mir Mühe macht, von Gottes Geduld und Treue umschlossen ist – könnte ich dann nicht zulassen, dass auch dies zu meinem Leben gehört?

Der mittelalterliche Theologe Thomas von Aquin stellte fest, dass schon zu seiner Zeit (im 13. Jahrhundert!) die Traurigkeit zunahm und als Folge davon auch die Geschwätzigkeit und zielloses Umherreisen. Er gab einen ungewöhnlichen Rat: „Baden oder beten!" Warum nicht baden *und* beten?

Wenn sich nun beim Ausruhen und Klären, beim Baden und Beten zeigt, was die Ursache meiner schlechten Laune ist, wäre doch die nächste Frage: Was kann ich selbst dazutun, um aus dieser miesen Stimmung wieder herauszukommen? Wie komme ich aus der Enge und Armut meiner eigenen Gedanken und Launen in die Weite und Freiheit, die Gott mir zugedacht hat? Wie finde ich zurück zum Reichtum des Lebens, zu neuer Lebendigkeit? Denn wenn ich verstimmt bin, kann keine gute Lebensmelodie dabei herauskommen – so wenig wie bei einem verstimmten Instrument.

In solcher Situation ist es gut, sich daran zu erinnern, dass Gott mich auch jetzt liebt und mir alles Gute gönnt. Darum darf auch ich gerade an schwierigen Tagen gut zu mir selbst sein und tun, was mir Freude macht.

Was macht mich glücklich? Was wärmt mich? Was füllt mich aus? Sind es die Kinder oder Enkelkinder? Ist es mein Lebenspartner? Mein Hobby? Sind es meine Freunde? Ist es mein Garten oder das Kochen und Backen? Wann habe ich eigentlich zuletzt gelacht, gesungen, getanzt, gespielt? Oder gab es immer nur Anforderung, Überforderung, Erschöpfung? Kann ich noch Nein sagen? Noch lachen, wenn etwas schiefgeht?

Ein guter Rat steht im Buch Jesus Sirach im 30. Kapitel: „Gib dich nicht der Traurigkeit hin und plage dich nicht mit deinen eigenen Gedanken. Tue dir Gutes und tröste dein Herz …“

Tue dir Gutes! Was könnte das in meinem Falle sein? Eine kleine Reise vielleicht? Ein guter Film? Ein Konzert? Ein Gottesdienst? Ein Spaziergang? Ein Gespräch mit einer Freundin? Etwas Zeit für mich? Eine Massage? Ein gutes Parfüm? Oder Vanilleeis mit heißen Himbeeren? Die berühmte spanische Ordensfrau Teresa von Avila (16. Jh.) hat gesagt: „Tu deinem Leib des Öfteren etwas Gutes, damit deine Seele Lust hat, darin zu wohnen.“

Mir selbst hilft mein Garten, in dem zu jeder Jahreszeit etwas blüht. Als ich an einem Septembermorgen die Blumen mit ihren kräftigen Herbstfarben sah – das Violett und Rot, Gelb und Orange –, dachte ich: Wenn ich doch etwas von dieser Herrlichkeit festhalten könnte! Die erste Frostnacht würde ja fast alles zerstören. Und dann begann ich eine der typischen Herbstblumen zu malen: die Rispenhortensie. Ich holte mir einen Zeichenblock und die alten Schultuschkästen und Pinsel unserer Kinder, die sie zurückgelassen hatten. Wie wunderbar erholsam ist es, ganz und gar auf eine Blume, ihre Blüten und Blätter konzentriert zu sein. Ein gutes Gegengewicht zu dem Vielerlei der Hausarbeit – und im Gegensatz zu ihr etwas Bleibendes!

Auch im Dezember fand ich – mit dem Hund unterwegs – immer noch eine kleine Schönheit am Rande der Felder. Die letzten Hagebutten, Schlehensträucher mit ihren blauschwarzen Früchten und ockergelben Blättern. Im Garten gab es Christrosen und den Schneeballstrauch, der seine rosa-weißen Blüten an kahlen Zweigen in die Luft streckte. Zu den Bildern fanden sich Worte, kurze Texte. Vielleicht wird einmal ein Buch daraus. Es könnte heißen: Vom Zauber der Jahreszeiten.

Bei diesem Spiel mit Formen und Farben vergaß ich Zeit und Stunde. Wenn ich aufstand, um neues Wasser zu holen, war der Rücken steif und krumm. Aber das zählte nicht, die Freude war zu groß. Ich freue mich schon jetzt auf den Frühling und kann es kaum erwarten, dass die Winterlinge ihre gelben Köpfe aus dem Schnee herausstrecken. Und dann erst die violetten Krokusse mit den orangefarbenen Staubgefäßen!

Manchmal hilft es, sich selbst Zeit und Spaß zu gönnen. Noch hilfreicher kann es sein, einem anderen Menschen etwas Gutes zu tun. Peter Rosegger hat es so formuliert: „Wenn du einmal recht betrübt bist und meinst, kein Mensch auf der Welt könne dir helfen, dann tue jemand etwas Gutes, und bald wird's besser sein." Es ist der Schritt aus der Selbstzuwendung heraus auf einen anderen Menschen zu. Wenn er sich freut, wird seine Freude auch auf mich fallen.

Aber manchmal hilft das alles nicht. Die schlechte Laune bleibt, weil ich weiß: Die Ursache ist ein Problem, das ich nicht ändern kann. Vielleicht ist da ein Mensch, der mir das Leben schwer macht, oder ein Kummer, eine Sorge, eine Krankheit, ständige Einsamkeit, unter der ich leide. Diese Dinge kann ich nur – immer wieder – Gott in die Hände legen. Er hat versprochen, mitzutragen, was uns zu schwer ist.

## Mut und Zuversicht

Kürzlich las ich ein Weisheitswort aus China: „Wenn ich einen grünen Zweig im Herzen trage, wird sich eine singende Nachtigall darauf niederlassen." Es gibt Menschen, die sprichwörtlich auf keinen grünen Zweig kommen. Wer aber voll Lebensmut und Zuversicht ist, dessen Herz beginnt zu singen. Vielleicht nicht wie eine Nachtigall, eher wie ein Vogel am Morgen: leise, vergnügt und voll Lebensfreude.

*„Mein Herze soll dir grünen ..."* heißt es in dem Adventslied „Wie soll ich dich empfangen". In einem anderen Lied (EG 166,5) bittet der Dichter darum, dass

Gottes Wort ihm „zum Leitstern dient und zum Trost im Herzen *grünt*".

Freude oder zuversichtliche Stimmung – der „grüne Zweig im Herzen" – sind nicht machbar, aber bei Gott gibt es Rat und Hilfe. Wenn ich Gott glauben kann, was er mir verspricht – dass er mich festhält und in seiner Hand geborgen sein lässt, auch wenn ich nichts davon spüre –, gibt mir das Mut und Zuversicht. Dann kann ich auch Mühsames ertragen. Der Apostel Paulus hat es so gesagt: „In jeder Hinsicht sind wir bedrängt, aber nicht erdrückt. Uns ist bange, aber wir verzagen nicht. Wir werden verfolgt, aber wir sind nicht verlassen. Wir werden unterdrückt, kommen aber nicht um" (2. Korinther 4,8).

Gottes Hand hält uns. Einen Halt zu haben, wenn alles schwankt, ist wichtig und wird in unserer Zeit immer wichtiger.

Vor einiger Zeit sah ich den Film *Das Herz aller Dinge* nach dem Buch von Graham Greene. Er spielt in Afrika. Da geht ein älterer Kolonialbeamter in eine Kirche. Er setzt sich in eine Bank. Plötzlich steht er auf und geht zum Beichtstuhl. Er streicht mit der Hand über sein Gesicht, als wolle er alle Mühsal abwischen, und sagt: „Ich weiß auch nicht, was das ist … aber ich fühle mich so leer und ausgebrannt …" Nach einer Weile entgegnet der Pfarrer: „Manchmal ist das die Stelle, die Gott sich aussucht … Beten Sie, wenn Sie können."

Beten, das heißt ja nichts anderes als: Gott das Herz hinhalten, wie ein leeres Gefäß.

Manchmal kommt es mir so vor, als würde Gott selbst

uns in unserer schlechten Laune, Lähmung und Resignation unterbrechen und uns aus dem tiefen Loch, in dem wir sitzen, herausreißen. Vielleicht geschieht es so, dass mein Blick auf ein Wort der Bibel fällt, das ich schon lange kenne, aber nun so höre, als sei es mir ganz persönlich gesagt – gerade an diesem Tag, der besonders mühsam ist.

Ich denke an das Wort aus dem 3. Kapitel der Offenbarung, wo der erhöhte Christus einer Gemeinde verspricht: „Ich habe vor dir eine Tür geöffnet, die niemand mehr zuschließen kann." Das gilt, wenn unser Leben zu Ende geht, aber es gilt auch heute. Es gilt für den Tag, an dem wir selbst nicht sehen, wie es weitergehen soll. Die Tür zum Himmel ist offen, Christus hat sie geöffnet. Das macht unsere Schritte leichter und ganz zuversichtlich.

Eine andere Situation: Wenn einem Unrecht geschieht, ist man verletzt und wütend. Entweder wird zurückgeschlagen oder man verkriecht sich – je nach Temperament.

Als ich mich einmal sehr ungerecht behandelt fühlte, war ich froh, eine Weile nicht mit Vorträgen unterwegs zu sein. Ich brauchte Ruhe und Zeit. Ich wollte nicht gestört werden. In solchen Momenten geht ja meistens das Telefon. So auch diesmal. Eine Koordinatorin der Frühstückstreffen rief an und bat mich, für eine erkrankte Referentin einzuspringen. Es war in der Nähe von Hamburg, also ganz nahe. Trotzdem dachte ich: „Nein! Jetzt nicht!" Aber ich sagte: „Ja! Ja, ich komme!"

Ich kam in einen liebevoll geschmückten Saal. Es war die Vorosterzeit. Auf den weiß gedeckten langen Tischen standen halbe Eierschalen, mit Erde gefüllt, aus denen grün und üppig Kresse herauswuchs. Das sah sehr schön aus. Daneben, an den Kaffeetassen, stand auf einem Zettel ein Wort aus Jesaja Kapitel 61: „Wie Gewächs aus der Erde wächst und Saat im Garten aufgeht, so lässt Gott, der Herr, Gerechtigkeit aufgehen." Zu anderen Zeiten hätte ich solch ein Wort gelesen, schön gefunden und vergessen. Aber jetzt war es, als würde Gott zu mir sagen: „Ich werde für Recht sorgen – so sicher, wie diese Kresse hier wächst." Das war eine große Befreiung für mich und schenkte mir neue Gelassenheit. Ich musste mich an diesem Unrecht nicht aufreiben, sondern konnte die Sache Gott überlassen.

„Ein Wort, geredet zur rechten Zeit, ist wie goldene Äpfel auf silbernen Schalen" (Sprüche 25,11). So kostbar, so wunderbar. Es reißt uns aus Trübsal und Ärger heraus und lässt uns wieder frei atmen, singen und lachen. Ein Wort, das Gott mit uns redet! Manchmal ist dieses Reden viel alltäglicher, als wir es erwarten würden. Ich selbst tue den kleinen Schritt und helfe der Koordinatorin in einer schwierigen Situation – und Gott kommt mir einen so großen Schritt entgegen. Missmut und Lähmung sind wie weggeblasen.

Wo ich mich und meine schlechte Laune *ver*lasse und mich *ein*lasse auf das, was Gott sagt und verspricht, da geschieht eine große Veränderung. Da wird deutlich: Es gibt noch etwas anderes zwischen Himmel und Erde als mich und meine Stimmungen und Launen. Da ist Gottes Treue zu mir – ganz unerschütterlich. Wo ich nicht nur auf meine Stimmungen achte, sondern auf Gottes Wort höre, geschieht Verwandlung und Erneuerung. Plötzlich kann ich wieder singen und lachen und zu Gott sagen: „Du bist ein Gott, der Wunder tut, einer, der achthat auf meine Seele."

# Leben – ohne sich selbst
# zu verlieren

*Eigentlich bin ich ganz anders ...*

$\mathcal{E}$s kann großes Glück bedeuten, sich selbst ganz und gar zu verlieren: bei den Klängen herrlicher Musik oder wenn eine wunderschöne Landschaft uns ganz gefangen nimmt, wenn wir vor lauter Liebe Zeit und Stunde vergessen ... Mir passiert es, wenn ich am Tisch sitze und eine Blume male. Die Liste könnte jeder ergänzen. So – ganz selbstvergessen – finden wir gerade zu uns selbst. Es sind in Wirklichkeit die intensivsten Momente unseres Lebens.

Aber es gibt auch ein anderes Sichverlieren, das wir uns nicht wünschen. Zum Beispiel, wenn zu viele Anforderungen gleichzeitig da sind und uns zerreißen, bis wir schließlich gar nicht mehr wissen, wo uns der Kopf steht. Wenn wir nicht leben, sondern – fremdbestimmt – gelebt werden und nicht das tun können, was wir eigentlich tun möchten oder sollten. Das macht nervös, unzufrieden und sogar krank.

Oft setzen wir uns selbst unter Druck (sogar im Urlaub): Ich möchte nichts verpassen, alles mitmachen, und das, was ich tue, soll hundertprozentig sein. Von solch einem Sichverlieren spricht auch das Neue Testament: „Was nützt es einem Menschen, wenn er die ganze Welt gewinnt, aber sich selbst dabei verliert", oder – wie der Evangelist Lukas es formuliert – „an seiner Seele Schaden nimmt" (Lukas 9,25)?

Wie können wir denn heute leben, ohne uns selbst zu verlieren? Achten Sie mal darauf, wie oft am Tag Sie das Wort „eigentlich" sagen. „Eigentlich sollte ich ... könnte ich ... möchte ich ... würde ich ... hätte ich ..." Oder wie Ödön Horvath es formuliert: „Eigentlich bin ich ganz anders, aber ich komme so selten dazu."

Der Tag mit all seiner Arbeit überrollt mich wie eine große Welle. Die Zeit läuft mir davon und ich verliere mich in der Hektik. Die Tendenz geht ja dahin, immer mehr in immer kürzerer Zeit zu schaffen. In der Wirtschaft senkt das die Produktionskosten. Die Ware kann billiger angeboten werden. Aber es ist auch im privaten Bereich ähnlich geworden: Der immer kürzere Urlaub soll ein Maximum an Erholung bringen. Plädiert wird für den schnelleren Schlaf und die raschere Entspannung. Ein Widerspruch in sich. Zeitmaximierung ist das Stichwort, es gilt, das meiste aus der Zeit zu machen. Auf der Strecke bleiben dabei die Liebenswürdigkeit, Zuwendung, Dankbarkeit, Kreativität und die Gesundheit. Wir rasen in Höchstgeschwindigkeit an dem vorbei, was das Leben ausmacht.

Karlheinz A. Geißler schreibt in seinem Buch *Zeit – verweile doch ...* von „Lebensformen gegen die Hast". Besser, als die Zeit gnadenlos auszubeuten, sei es, die Zeit zu sich einzuladen, zu verweilen. Das heißt: einen Platz zu finden, wo man leben kann – wie in einem kleinen Weiler (Einzelgehöft), wo man zur Ruhe kommt, ja verweilt. Zum Umgang mit der Zeit zitiert Geißler einen guten Rat aus der Schweiz: „Plant eure Tage wie ein Stück Emmentaler Käse: viel Festes und große Löcher für all das, was man nicht planen kann und will."

Dass wir so wenig Zeit haben, hängt ganz sicher damit zusammen, dass uns ständig eingeredet wird, wir sollten schöner wohnen, besser essen, uns teurer kleiden, weiter reisen, mehr verdienen, einen höheren Lebensstandard anstreben. Dafür muss man wiederum mehr arbeiten, mehr schaffen – und ist am Ende ganz geschafft. Das französische Wort für „glücklich" ist „heureux" (abgeleitet von „l'heure", die Stunde). Ein paar Stunden Zeit zu haben, könnte glücklich machen. Zeit zum Nichtstun oder um endlich einmal das zu tun, was ich eigentlich schon lange vorhatte.

Es tut gut, die tägliche Routine, die müde und mutlos macht, immer wieder zu unterbrechen und zu fragen: „Ist das, was ich tue, wichtig und richtig? Will ich so leben? Ließe sich von meinen eigentlichen Zielen nicht wenigstens *etwas* verwirklichen, damit ich mich nicht im Gestrüpp des Lebens verliere?"

Als ich in Südafrika zu Vorträgen eingeladen war, gab es auch eine Wochenendfreizeit auf einer katholischen Missionsstation in Durban. Mein Zimmer lag am Ende eines langen Ganges. Dort stand unter dem Fenster ein kleiner Tisch mit einem weißen Kruzifix. Ich ging also viele Male am Tag auf dieses Kruzifix zu und dachte: „Mit jedem Schritt – nicht nur auf diesem Flur – gehe ich auf Jesus Christus zu. Lebe ich so?"

Was nützt es mir, wenn ich Auszeichnungen und Preise, ja die „ganze Welt" gewinne, aber mich selbst, meine Seele verliere, weil ich Gott verliere?

Hilde Domin hat einmal gesagt: „Wir essen Brot, aber wir leben vom Glanz." Glanz? Damit ist all das Nichtmachbare gemeint, das, was der Himmel uns schenkt: Leben in Fülle auf dem Weg Jesu. Kann mein Herz davon etwas wahrnehmen?

Wir brauchen uns ja nicht mit dem zufriedengeben, was wir jetzt gerade sind oder haben. Gott hat uns viel mehr zugedacht. Er lädt uns ein, in seiner Gegenwart zu leben: „Wandle vor meinem Antlitz. Sei ganz" (1. Mose 17,1).


## Die Zeit totschlagen?

Wir verlieren uns in der Überforderung (ich tue immer, was die anderen von mir erwarten), aber auch in der Unterforderung. Ich kenne Menschen, die sagen: „Der Tag ist so lang. Ich habe keine sinnvolle Arbeit. Niemand will etwas von mir. Warum soll ich morgens überhaupt aufstehen? Keiner ruft mich an und fragt, wie es mir geht. Keiner will meine Hilfe. Ich muss mir die Zeit vertreiben oder sie totschlagen, damit sie mich nicht umbringt, die viele, leere Zeit!"

Solch ein Nichtgebrauchtwerden und Nichtgefragtsein ist sicher viel schwerer auszuhalten als jede Überforderung. Es braucht Mut, Kraft und Fantasie, um einen ersten Schritt aus dieser Isolierung und Einsamkeit heraus zu wagen und auf Menschen zuzugehen. Wenn man nach diesem Schritt spürt: Ich werde gebraucht, anderen ist wichtig, was ich tue – dann ist das Glück groß.

Kürzlich schlug ich einer jüngeren Frau vor, doch gelegentlich ihre Schwiegermutter zu besuchen. Ihre Antwort lautete: „Das tut mir nicht gut!" Sie handelte offenbar nach dem Motto: Ich tue nur, was mir guttut. Was wird das sein? Vermutlich alles, was sich unter die Stichworte Spaß und Genuss, Fitness und Wellness einordnen lässt. Warum nicht? Aber es kommt auf die Balance an zwischen der Zeit für mich selbst und für andere. Ein gutes Gleichgewicht ist nötig.

Das rechte Augenmaß brauchen wir auch, was unsere Arbeit angeht: Das Sprichwort sagt: „Übereifer schadet nur." Man kann sich auch verlieren in dem Wunsch – oder ist es schon Besessenheit –, seine Arbeit hundertprozentig zu machen, und zwar immer! Alles soll perfekt sein: im Beruf, in der Partnerschaft, bei der Kindererziehung, was die Pflege von Haus und Garten betrifft. Da hat es die Freude schwer mit uns.

Ich selbst gehöre nicht zu den Perfektionisten – außer, wenn Besuch kommt. Dann soll es bei uns „picobello" aussehen, weder Krümel noch Hundehaare auf dem Teppich, keine verwelkten Blumen! Am Ende wirkt das Wohnzimmer dann so steril, dass ich anfange, Zeitungen oder Hundespielzeug wahllos zu verteilen. Die Gäste sollen sich ja wohlfühlen.

Ich glaube, man kann seinen Nachbarn keinen größeren Gefallen tun, als ab und zu mal zu erzählen, was bei einem selbst gerade wieder schiefgegangen ist: Kuchen verbrannt! Bus verpasst! Schlüssel verlegt! Einladung vergessen! Dann lachen meine Nachbarn – nicht aus Schadenfreude, sondern weil sie erleichtert sind, dass bei anderen auch etwas schiefgeht. Und diese kleine Freude kann man ihnen doch machen!

### Was hilft zu einem erfüllten Leben?

Woher kommen Inspiration, Begeisterung, Lebensmut und die Kraft, Schweres zu ertragen? Weiß ich bei all meiner Arbeit überhaupt noch, worauf es ankommt?

„Was würdest du tun", fragte mich Isabel (7), als wir einen toten Goldfisch aus unserem Gartenteich beerdigten, „wenn du wüsstest, dass *du* morgen stirbst?"

„Ach, Isi, ich weiß nicht … Ich würde euch vielleicht alle noch mal zum Essen einladen."

Micha, zwei Jahre älter, meinte daraufhin: „Also, wenn du es *dann* tun würdest, könntest du es doch auch *heute* tun, gerade weil du nicht stirbst!"

Ich rettete mich mit einer Minimallösung: „Ihr könnt euch erst mal ein Eis kaufen, ja?"

Wenn wir nur noch eine ganz kurze Lebenszeit hätten, würde sich dann das Wichtige aus dem Unwichtigen herausschälen? Oder wären wir wie gelähmt vor Angst und könnten gar nichts tun? Vielleicht gäbe es noch ganz klare Wünsche: alle meine Lieben noch einmal zu umarmen und ihnen zu danken. Noch einmal große Musik zu hören: Bachs „Jesu, meine Freude …" oder einen Psalm zu lesen. Den 138. vielleicht mit den wunderbaren Versen: „Wenn ich dich anrufe, so erhörst du mich und gibst meiner Seele große Kraft ... Wenn ich mitten in der Angst lebe, dann erquickst du mich."

Wenn ich mein Herz zu Gott hin öffne, kann seine Kraft in mich einströmen. Keiner lebt aus sich selbst, weder Pflanze noch Tier. So wie ein Fluss immer neu aus seiner Quelle gespeist wird, so kommt unsere Lebenskraft von unserem Schöpfer, der uns seinen Atem eingehaucht hat. So wurden wir lebendige Wesen. Dass Gott durch die alten Texte der Bibel oder auch heute durch Menschen zu uns redet, können wir nicht machen, aber wir können darum bitten: „Sprich nur ein Wort! Zeig mir den Weg! Hilf mir!"

Vor Kurzem blätterte ich in unserer alten, geerbten Familienbibel. Wie kunstvoll und sorgfältig, mit welcher Ehrfurcht und Liebe waren die Anfangsbuchstaben eines jeden Kapitels gestaltet. Ich ließ die Bibel – etwa in der Mitte aufgeschlagen – auf meiner Kommode liegen. Da fiel mein Blick auf Psalm 71. Ich las den Satz: „Ich gehe einher in der Kraft des Herrn." So hatte es der Dichter vor langer Zeit erfahren. Ich spreche es ihm nun nach – immer wieder – und es trägt mich wie auf Flügeln.

# Mütter und Töchter

## Grüne Haare – na und?

Philipp (15) besuchte uns, weil in Hamburg der HSV gegen Leverkusen spielte. Vorher wollten wir noch zusammen Mittag essen. Als er an meinem Bücherschrank vorbeiging, meinte er: „Oma, deine Bücher hab ich alle gelesen, die stehen ja bei uns im Bord. Nur dies hier – wie heißt es? *So möchte ich älter werden – das* kenn' ich noch nicht."

„Philipp, damit kannst du dir auch noch Zeit lassen!"

„Wieso? Älter wird doch jeder. Ich auch … Und woran schreibst du jetzt?"

„Ach … da geht es um Stimmungen und Launen, Kränkungen usw. Es geht da auch um Mütter und Töchter."

„Das ist ein ganz heißes Thema!"

„Wieso?"

„Na ja … morgens in der Schule … da kommen die Mädchen oft mit total schlechter Laune an, und wenn ich sie frage: ‚He, was ist los? Schlecht drauf?', dann heißt es immer: ‚Du kennst meine Mutter nicht! Wenn du wüsstest … Unglaublich, was da so läuft!'"

## Konflikte

Mütter und Töchter – ich erinnere mich schlagartig an Konflikte mit meinen Töchtern, besonders mit Susanne.

Es geht um Hausaufgaben, um das Rechnen mit zwei-
stelligen Zahlen. Sie hat das Ergebnis ausgerechnet, aber
nicht gleich notiert und dann leider vergessen. Sie wird
wütend und zerknüllt das ganze Rechenheft.

Ich frage: „Willst du es verbrennen?"

„Ja, aber ich finde keine Streichhölzer!"

„Nimm mein Feuerzeug!"

„Nein!"

Sie wirft das Heft auf den Boden und sich selbst auch!
Sie heult, schreit und strampelt. Isabel – fünf Jahre jünger – traut sich nicht in ihre Nähe. Sie kommt zu mir,
ganz lieb, ganz Schmeichelkatze nach dem Motto: „Guck
mal, wie lieb ich dagegen bin!" Dass ich mich mit Isabel
beschäftige, ärgert Susanne noch mehr.

Ich sage: „Wenn du mit deiner Wut fertig bist, gehen
wir zusammen ein neues Rechenheft kaufen."

„Ich gehe nicht!"

„Aha!"

Ich nehme Micha mit in mein Zimmer, weil er noch ein
Stück für die Flötenstunde üben muss. Susanne kommt
uns nach: „Wann bist du endlich fertig mit Micha?"

„Gleich!"

Langsam beruhigt sie sich. Die Wut ebbt ab. Alle wollen mit, um das eine Heft zu kaufen. Damit es sich lohnt,
kaufen wir auch noch ein Paket Eis und Hustenbonbons.

Ich sehe die Brötchen und sage: „Eigentlich möchte
ich ein Brötchen essen und richtig schön Kaffee trinken!"

„Oh ja, Mami, für jeden eins!"

Wir machen es uns in der Küche gemütlich. Vom
Rechnen spricht keiner mehr, aber es ist anschließend in

zehn Minuten fertig – sauber geschrieben im neuen Heft. Ich setze mich dann an die Nähmaschine.

Susanne setzt sich zu mir: „Mensch", sage ich, „war das anstrengend ... so ein Wutanfall!"

„Wieso fandest *du* es anstrengend? *Ich* habe doch geschrien!"

Aber sie ist bereit, mir zu helfen. Sie räumt den Schrank der kleinen Geschwister auf und macht ihnen Leberwurstbrot zum Abendessen. Beim Gutenachtsagen und Abendgebet sagt Susi: „Lieber Gott, vielen Dank für diesen schönen Tag!"

Ein paar Tage später: Susanne wirft mir einen Zettel auf den Schreibtisch. Darauf steht: „Du weißt nicht, wie schwer das für mich ist, wenn keiner mich mag außer Teddy, Väti und der liebe Gott. Ja, das weißt du nicht! Warum vertragen wir uns nicht wieder? Und warum hast du mein Bild weggeschmissen? Susi."

Ich bin erschrocken über solchen Kummer einer Neunjährigen. Ja, ich hatte mit ihr geschimpft, denn sie war ungezogen gewesen. Deswegen hatte ich ihr gemaltes Bild in den Papierkorb geworfen. Aber ich hatte sie nicht so tief treffen wollen.

„Susi, komm mal her!"

„Nein!"

„Komm, wir vertragen uns wieder!"

Sie sitzt auf meinem Schoß und schluchzt. Wir holen das Bild aus dem Papierkorb, es ist nicht zerrissen, nur zerknüllt. Wir bügeln es. Die Falten bleiben, aber wir bewahren es auf. Susi ist getröstet. Und weil wir gerade beim Bügeln sind, bügeln wir gleich weiter. Susi nimmt die Taschentücher und ich Blusen und Hemden. Keiner stört uns. Kein Telefon, kein Kind. Fast könnte ich Bügeln schön finden.

Da fragt Susi ganz unvermittelt: „Was hättest du lieber, dass du alle Dinge herzaubern könntest oder dass du machen könntest, dass du nie mehr traurig bist?"

„Wenn ich alles herzaubern kann, kann ich doch auch machen, dass ich nie mehr traurig bin!"

„Nein, das kann man nicht machen!"

Sie hat recht. Eine Neunjährige weiß, dass man gegen Traurigkeit nichts machen kann. Es sei denn, man hat jemanden, der mit einem Hemden bügelt ...

Eine andere Situation.

„Früher hast du mehr gelacht!" Susanne stellt das ganz nüchtern fest und geht in ihr Zimmer. Mich trifft das tief. In der warmen Badewanne kriege ich eine Gänsehaut. Mir graut vor mir selber, wenn ich daran denke, wie nervös und lieblos ich vorhin mit den Kindern war. Isabel habe ich angeschrien, weil Anorak und Schal einfach von ihr abfielen – wie bei einer Schlange, die sich häutet. Die Stiefel lagen irgendwo.

„Ich bin doch nicht euer Hausmädchen! Stell das ordentlich hin!" Manchmal wird meine Geduld hauchdünn, besonders wenn ich den vier Kindern vierzehn Stunden am Tag ausgesetzt bin und es draußen regnet. Dann bleibt mir nur die Bitte: „Herr, ich verstehe mich selbst nicht. Ich verachte mich. Verwirf du mich nicht. Gib du mir neue Kraft für ihre Wünsche und Fragen, mehr Geduld, wenn sie streiten. Gib mir Gelassenheit und Heiterkeit."

## Und die Söhne?

Wenn Mütter so mit ihren Töchtern beschäftigt sind, haben die Söhne – besonders Micha, der Kleinere – das Gefühl, vernachlässigt zu werden.

„Ich möchte einmal einen ganzen Tag mit dir allein sein", sagt Micha.

„Hm, das können wir ja mal machen!"

„Nee, glaub ich nicht!"

„Doch! Was möchtest du denn machen?"

„Och ... Basteln oder Kekse backen ... aber ganz allein! Nur wir beide!"

„Oder eine Fahrradtour?"

„Ja!"

„Wir könnten ja Tante Katharine besuchen."

„Oh ja!"

Wir riefen sie an. Sie würde sich freuen, sagte sie.

Micha verhält sich so, dass Worte und Blicke sich erübrigen. Er nimmt die Serviette wie vorgesehen und isst den Kuchen mit der Gabel. „Noch mehr Sahne?" – „Ja, bitte!" Vor Wonne spricht er kaum. Und damit es wenigstens ein ganzer Nachmittag wird – wenn auch nicht, wie gewünscht, ein ganzer Tag –, schlage ich vor, noch einen Umweg über den Hauptbahnhof zu machen. Wir stellen die Räder ab und fahren mit der S-Bahn. Am Hauptbahnhof steigen wir aus.

Micha hört viel vom Energiesparen und das leuchtet ihm ein. Er sieht die hohe Glaskuppel über dem Bahnhof und findet, das sei zu schlecht isoliert. Und warum die ganze Leuchtreklame mitten am Tag? Das hätte er anders gemacht. Er ist gegen Verschwendung, hat aber nichts gegen ein Eis. Nach einer Weile ist er den Tumult leid. Wir fahren nach Altona zurück und nehmen unsere Räder. Es wird schon dunkel.

Als wir ein Stück gefahren sind, ruft Micha: „Mami, Moment mal!"

„Was ist denn?"

Er hantiert an seinem Dynamo herum und sagt: „Ich mache das Licht aus!"

„Warum? Geht es schwer zu treten?"

„Nein. Aber wir müssen sparen! Ich kann auch so sehen."

„Ja, Micha, du. Aber die anderen müssen dich sehen."

„Okay, dann fahr' ich ganz dicht neben dir, du hast ja Licht an."

Nach dieser Energiespartour mit Sahnekuchen und Eis ist Micha ganz zufrieden – mit sich, der Welt und sogar mit seiner Mutter. Und die anderen Geschwister? Ich vermeide ihren Blick und ihre Fragen.


## Loslassen

Woher kommen die Konflikte zwischen Müttern und Töchtern? Vielleicht liegt es an den sehr engen Beziehungen zwischen den beiden: Man kennt sich ganz genau und weiß, wo die andere verletzbar ist, natürlich auch, was sie freut.

Mutter und Tochter verstehen und verständigen sich sehr schnell. Oft genügen Blicke. Und das gilt umso mehr, wenn die Töchter langsam erwachsen werden. Da kann es auch so etwas wie Konkurrenz geben: Die Mütter sind die Erfahrenen, die Töchter die Jungen, Schönen, Unbekümmerten. Das Leben liegt noch vor ihnen. Da kann auch Neid aufkommen, auf jeden Fall gibt es genug Reibungsflächen. Die Erwartungen der Töchter an die Mütter sind groß. Umgekehrt ist es genauso.

Gerade weil es von klein auf sehr enge Beziehungen gab, fällt das Loslassen schwer. Die Mutter ist es gewohnt, für ihre Kinder vorzusorgen, zu planen, auf sie aufzupassen, mitzudenken, sich mit ihnen zu freuen und zu leiden. Aber plötzlich ist das alles gar nicht mehr gefragt. Es stört und nervt. Da wird große Flexibilität von der Mutter – und natürlich auch vom Vater – verlangt.

Ich erinnere mich an einen Vormittag, als Susanne, die gerade ihren Führerschein gemacht hatte, mit mir zum Einkaufen fuhr. Als besorgte Mutter, hellwach, gab ich den hilfreichen Hinweis: „Hier musst du rechts abbiegen und dann gleich wieder links, aber der Parkplatz dort hat eine sehr enge Einfahrt!"

„Mami!!!! Ich sage doch auch nicht zu dir: ‚Pass auf beim Aussteigen, dass du nicht in einen Gully fällst. Und klemm dir an deinem Portemonnaie nicht die Finger!'"

Ich verstand und war zurückhaltender – an diesem Vormittag jedenfalls.

Aber das Loslassen fällt mir schwer. Natürlich weiß ich, wie wichtig es ist, dass Töchter und Söhne ihre eigenen Erfahrungen machen. Eltern können bestenfalls so etwas wie Trittbrettfahrer sein, die ab und zu auf den

Zug ihrer Kinder aufspringen, um zu helfen – aber das Abspringen dürfen sie nicht vergessen.

## Im Rückblick

Heute sind unsere Töchter Susanne und Isabel 40 und 35 Jahre alt. Unsere Jüngste ist Lehrerin für Pflegeberufe an einer Berufsschule in Hamburg. Susanne lebt mit ihrem Mann und den siebenjährigen Zwillingen in der Nähe von Frankfurt. Sie ist Goldschmiedin und liebt ihren Beruf sehr. Als ich ihr kürzlich am Telefon erzählte, dass ich gerade an dem Thema „Mütter und Töchter" arbeite, meinte sie: „Da bin ich ja gespannt, was du so schreibst ... Jetzt verstehen wir uns ja bestens, aber früher ... wàr es nicht immer konfliktfrei."

„Stimmt. Was war denn das Schlimmste an deiner Mutter? Du brauchst nicht höflich zu sein. Sei einfach ehrlich!"

Susanne holte tief Luft und meinte dann: „Das Schlimmste war, dass du zu deutlich gezeigt hast, ob du meine Freunde mochtest oder nicht. Das hat mich manchmal gekränkt. Und als wir Kinder so zwischen 16 und 18 waren, fanden wir euch total altmodisch: In der Schule sollten wir gut sein. Immer helfen. Abends um zehn Uhr zu Hause sein. Es gab zwischen uns ja auch ab und zu Streit. Aber das ist wohl normal. Ich glaube, das muss sein. Man muss sich ja abgrenzen von den Eltern, und das war bei euch gar nicht so leicht.

Aber das Gute war: Du hattest immer Zeit, mit uns

zu basteln oder zu backen. Wir durften Höhlen im Haus bauen mit Wolldecken, Büchern und Keksen. Auch Zirkus spielen mit umgekippten Tischen – das durften andere zu Hause nicht. Und wir wussten: Wenn es Probleme gibt, würdet ihr immer zu uns halten. Wir konnten mit allem kommen. Vielleicht hättest du uns weniger beschützen und mehr Freiheit geben müssen ... zum Selbstausprobieren. Wenn ich allerdings an Griechenlandfahrten mit meiner Freundin denke, wo wir einfach am Strand geschlafen haben ... Das würde ich heute nicht mehr tun und meinen Töchtern auch nicht erlauben.

Man ist ja viel barmherziger mit den Eltern, wenn man erst mal selbst Kinder hat. Dann versteht man auch besser, was ihr geleistet habt: Ihr habt vier Kinder erzogen, wart berufstätig, es gab wenig Geld, wenig Schlaf und all die Krankheiten der Kinder ..."

Wie tröstlich ist es, dass die Töchter ihre Mütter (und Väter) im Rückblick eher positiv sehen! Es gab ja auch andere Zeiten. Zum Beispiel, als Susanne siebzehn war ...


## Grüne Haare – na und?

Ich kam von einer Reise aus Süddeutschland zurück. Im Halbdunkel der Altonaer Bahnhofslampen sah ich ihr Haar.

„Susi!", sagte ich noch vor der Begrüßung, „wie siehst du denn aus? Was hast du gemacht?"

„Die Haare gefärbt!"

„Grün?"

„Mami, da kann man mal wieder sehen, wie du über-treibst. Die Haare sind nicht grün. Die sind blau! Warte doch erst mal, bis wir auf der Straße sind!"

„Ja, sie sind eher blau. Das passt ja gut zu den Jeans, nicht?"

„Ja, mal was anderes!"

„Wie findest du es denn?", fragte ich meinen Mann – auf Unterstützung hoffend.

„Ganz witzig", sagte er. „Ist ja nicht für immer, wächst ja raus. Also, wie war deine Reise?"

„Gut. – Susi", hakte ich noch einmal nach, „ist das permanent?"

„Ach was, ein paarmal waschen und es ist raus – nun reg' dich doch nicht auf! Wir fahren erst mal nach Hau-se."

Als wir am nächsten Morgen zusammen frühstückten, konnte ich dem Blau schon einen gewissen Charme abge-winnen. Aber schlimm wurde es am nächsten Tag. Nach dem Duschen waren die Haare weder grün noch blau, sondern grau.

„Du siehst aus wie eine Fünfzigjährige", dachte ich – und sagte es leider auch. Susanne tat, als hätte sie nichts gehört. Sie ging zu Wichtigerem über.

„Ich komme dann heute nach der Schule nicht nach Hause. Ich gehe zu Ulrike."

„Susanne! Ausgerechnet zu Ulrike? Das ist uns gar nicht recht. Wir haben Angst um dich. Du weißt auch warum."

„Jetzt reicht es mir: Erst sind es die Klamotten, dann die Haare und jetzt die Freunde. Ist es mein Leben oder deins? Mecker ich über eure Freunde? Ich will deine Kommentare nicht!"

„Aber dann könntest du ja gleich in einem Hotel wohnen, wenn wir unsere Meinung nicht mehr sagen dürfen. Dann bin ich nur noch deine Putzfrau und Köchin. Dann geht es nur noch ums Geld."

„Tut es ja auch. Was gebt ihr mir denn sonst?"

Der Streit dehnte sich aus. Ich schrieb Susanne eine Entschuldigung für die erste Stunde. Nach einer Weile wurden wir ruhiger, fühlten uns aber beide verletzt und missverstanden. Gegen Abend kam Susanne von ihrer Freundin zurück. Sie ging schweigend in ihr Zimmer. Ich deckte den Tisch und hoffte, sie beim Essen zu sehen. Sie kam auch und gab mir einen Brief.

„Hier", sagte sie, „ich hab dir was geschrieben. Das geht manchmal besser. Lies es nachher in Ruhe, ja?"

„Danke!"

In dem Brief stand:

„Liebe Mami! Dass ihr mir nur Geld gebt, stimmt nicht. Wirklich nicht. Es ist mir im Streit nur so rausgerutscht. Es tut mir leid, weil ich ja weiß, dass es nicht stimmt. Ich glaube, wir beide müssen wieder neu anfangen: Du denkst daran, dass ich kein Kind mehr bin, und harfst nicht immer auf demselben herum, und ich werde versuchen, etwas offener für Dich zu sein, damit Du besser verstehst, was ich tue. Das wird manchmal ganz schön schwer sein, weil wir so verschieden sind – eben zwei Generationen: Mutter und Tochter – und weil wir ganz unterschiedliche Meinungen haben. Wir müssen in kleinen äußeren Dingen eben großzügig sein, bei Themen wie Schule, Zeiteinteilung, Geld, Kleidung, Freunde, Haare … Ich werde mich bemühen. Hoffentlich wird es in Zukunft besser mit uns beiden. Aber wenn wir uns beide bemühen, müsste man ja eigentlich einen Unterschied merken. Alles Liebe, Deine Susi.

P. S.: Ich hatte mir noch überlegt, Dir mein Tagebuch zu zeigen, aber das kann ich jetzt noch nicht. Verstehst Du das? Das Wichtigste ist doch, dass wir uns gegenseitig lieben, nicht?"

Als ich am nächsten Morgen beim Einkaufen an einer Boutique vorbeikam, sah ich im Schaufenster an einem Haselnusszweig zwei kleine Glasherzen und einen Tropfen aus durchsichtigem Glas. Ich kaufte die drei Teile und schrieb Susanne zurück:

„Liebe Su, danke für Deinen Brief. Ich hab mich so gefreut. Wenn Du magst, häng doch diese gläsernen Herzen in Dein Zimmer und lass uns bei dem Tropfen, der wie eine Träne aussieht, daran denken, wie schnell wir uns gegenseitig wehtun und verletzen können. Ich hab Dich sehr lieb."

Am Tag vor ihrem achtzehnten Geburtstag, als ich auf ihrem Bett lag und wir über Geschenke und die Fete sprachen, fiel ein wenig Sonne auf die Glasherzen, die leicht verstaubt unter ihrer Lampe hingen.

„Weißt du noch?", fragte ich.

„Ja!", meinte Susanne. „Wir haben eigentlich lange keinen Streit mehr gehabt."

## Ein guter Rat?

Mütter und Töchter haben es nicht immer leicht miteinander. Die Mütter mischen sich ein und wissen es besser, sie können sich aus lauter Liebe und Sorge oft nicht zurücknehmen.

Liebe ist gut, aber sie sieht für die Kinder oft wie mangelndes Vertrauen aus, wie übertriebene Fürsorge und Angst: „Ich fürchte, du schaffst es nicht. Darum gebe ich dir einen Rat! Sei vorsichtig, pass auf! Ich an deiner Stelle würde …"

Aber ich bin ja nicht an ihrer Stelle und muss die Nerven haben, sie ihre eigenen Wege gehen zu lassen. Wenn es extreme Abwege sind, ist das schwer. Und die Verantwortung der Eltern für die Kinder bleibt ja.

## Wenn die jüngste Tochter auszieht

Irgendwann sind die Kinder erwachsen. Sie sind ausgezogen und machen ihre Berufsausbildung.

Der Auszug des letzten Kindes ist für die Eltern besonders schmerzhaft. Außer ihnen ist dann nur noch der Hund im Haus. Der zieht zum Glück nicht aus. Und wenn doch, werden wir ihm selbstverständlich auch bei der Renovierung seiner Hütte helfen und ihm Trockenfutter für drei Jahre mitgeben. Eltern können es nicht lassen!

Isabels Zimmer in unserem Haus war nun fast leer geräumt. Nur ein Blechschild (aus der Zeit, als sie solche Dinge sammelte) lag noch neben ihrer Tür: „Bitte Wege nicht verlassen!" Als ich es sah, stiegen Tränen in mir hoch. Ich dachte: Wie werden ihre Wege wohl aussehen? Aber bei Umzügen ist für Tränen nicht viel Zeit. Da geht es um Reinigungsmittel, Plastikfolie, Pinsel und Farbe.

Isabels kleine Wohnung im dritten Stock eines Mietblocks mit Blick auf den Hafen hatte wirklich Atmosphäre. Zur Elbe ging man drei Minuten, zum Fischmarkt nicht länger. Ich dachte: Hier möchte ich auch wohnen! Kein Wunder: Die Kaffeebecher, Gläser und Kochlöffel standen an derselben Stelle wie bei uns. Dann sah ich in Isabels Bücherbord, ganz am Rand, ihr altes Kinderbuch: „Komm zurück, kleiner Bär!" Da war es wieder um meine Fassung geschehen.

„Mami", sagte Isabel, „ich kann das Buch ja woanders hinstellen. Es ist doch nicht so schlimm! Du besuchst mich, so oft du willst, und dann trinken wir einen Tee zusammen, ja?"

„Ja."

„Und auf dem Fischmarkt kauf' ich Schollen für uns. Ich brate sie mit Speckwürfeln und mache Gurkensalat dazu. Aber du musst deine Pfanne mitbringen. Meine ist zu klein."

„Ja."

Zum Glück gab es außer den Worten auf dem Blechschild und dem Kinderbuch bei Isabels Auszug noch einen anderen Satz, der mich sehr tröstete. Er stand in den Herrnhuter Losungen und war eine Bitte: „Der Herr segne dich und behüte dich!" Manchmal gibt Gott uns nichts als eine Bitte, und alles ist gut.

Das Loslassen ist schwer, aber es ist ja kein totaler

Abschied. Wir sehen uns oft und bleiben im Gespräch, wir helfen uns bei Umzügen, kaputten Autos und Bäumen, die gefällt werden müssen. Wir rufen uns gegenseitig an und beten füreinander. Weihnachten oder runde Geburtstage werden immer mit allen Töchtern, Söhnen, Schwiegerkindern und Enkeln gefeiert. Inzwischen sind wir fünfzehn, mit Hund sechzehn. Und da wird so viel geredet, gesungen und gelacht, dass wir am Ende alle ganz erschöpft, aber glücklich sind.

## Ein Sommerabend vor langer Zeit

Wir – die Eltern – hatten unsere langjährigen Freunde Julia und Gerd für einen Abend am Ende der Sommerferien eingeladen. Wir wollten uns mal in Ruhe ganz ohne Kinder (die vorher versorgt worden waren) unterhalten. Als Micha sah, dass noch etwas vom griechischen Käse auf dem Tisch stand, kam er und fragte so höflich, dass keiner Nein sagen konnte: „Darf ich vielleicht ein kleines Stück Käse haben?"

Ganz entspannt sagten wir: „Klar! Hol dir einen Teller!"

Micha setzte sich zu uns. Da kam Isabel von ihrer Freundin zurück: „Oh schön! Es gibt noch Käse!"

„Na gut, komm!"

Susanne, die bisher in ihrem Zimmer eine alte Kommode renoviert hatte, hielt ein Glas in der Hand. „Habt ihr einen Schluck Wein übrig?"

„Aber sicher!"

Sie setzte sich ebenfalls. Wäre Johannes nicht gerade in Bethel mit seiner Hebräischprüfung beschäftigt gewesen, hätte auch er ohne Zweifel am Tisch Platz genommen. Eigentlich, dachte ich, sollten wir dankbar sein für so viel Anhänglichkeit. Andere Kinder ziehen aus, nörgeln, kritisieren das bürgerliche Familienleben. Unsere Kinder kommen und setzen sich mit an den Tisch.

Ich weiß nicht, wodurch das Gespräch eine solche Wendung nahm, aber plötzlich hörte ich Micha zu Julia sagen: „Also, mir stinkt das ganz schön, dass ich plötzlich zu irgendwelchen Arbeiten abkommandiert werde: ‚Micha, hol mal die Säge! Micha, mäh den Rasen. Micha, deck mal den Tisch!' Dabei wollte ich gerade etwas anderes machen. Etwas, das viel wichtiger ist. Den Rasen kann man doch auch einen Tag später mähen. Aber wenn man es nicht gleich tut, ist schlechte Laune!" Da er laut sprach, hörten ihm plötzlich alle zu.

„Genau", fand Isabel, „so ist es!"

Alle Versuche, den Abend zu retten und pädagogische Probleme familienintern oder gar nicht zu erörtern, scheiterten. Julia, die auch mehrere Kinder hat, war plötzlich hellwach und interessiert. Ihr ging es um die Frage, wann Kinder abends zu Hause sein müssen. Wer bestimmt den Zeitpunkt?

„Wir natürlich", meinte Susanne. „Es betrifft ja uns. Wenn man fast achtzehn ist, sollte man ja wissen, wie viel Schlaf man braucht."

„Aber", sagte ich, „ich kann nicht einschlafen, wenn ich nicht weiß, dass du gut nach Hause gekommen bist."

„Das musst du eben lernen!"

Als unsere Gäste nach zwei Stunden hitziger Debatte aufbrachen, sagte ich: „Es tut mir leid. Wir hatten uns den Abend anders gedacht: erholsamer, friedlicher …"

„Ach", sagte Julia. „Ich fand es sehr erfrischend. Ihr seid eben auch eine ganz normale Familie. Wenn man deine Bücher liest, könnte man ja denken, dass bei euch immer alles klappt."

„Das kommt nur", erklärte Susanne, „weil Mami das andere nicht schreibt. Es stimmt schon, was da steht. Aber so was wie heute schreibt sie nicht. Sie denkt, es nervt andere bloß."

Susanne, ich habe es geschrieben!

Nach diesem Abend hätte ich wohl eine schlaflose Nacht gehabt, wenn mir nicht eingefallen wäre, dass Susanne zwischendurch einmal sagte: „Trotzdem … Wenn ich mir andere Eltern angucke – ich wollte nicht tauschen."

Auf dieser Welle des Wohlbehagens schlief ich ein. Eigentlich haben wir doch nette Kinder. Sie reden jedenfalls noch mit uns und nehmen kein Blatt vor den Mund. Besonders, wenn Gäste da sind.

# Wenn Kränkungen krank machen

## *Ein falsches Wort. Ein schiefer Blick*

*K*ränkungen verderben nicht nur die gute Laune, sie verunsichern uns. Das Selbstbewusstsein kippt. Mit dem inneren Gleichgewicht ist es vorbei. Auch wir selbst halten dann nicht mehr viel von uns. Dafür genügen manchmal ein falsches Wort, ein schiefer Blick oder ein ironisches Lächeln. Solche Kränkungen passieren unter Arbeitskollegen, in der Nachbarschaft und – statistisch am häufigsten – in der Familie. Je nach Temperament und Tagesform reagieren wir aggressiv oder ziehen uns verletzt zurück.

Dass böse Worte wie „scharfe Schwerter" verletzen können, ist eine jahrtausendealte Erfahrung, wie in der Klage des Königs David deutlich wird – als er vor Saul in eine Höhle floh:

> „Ich liege mitten unter Löwen,
> verzehrende Flammen sind die Menschen,
> ihre Zähne sind Spieße und Pfeile
> und ihre Zungen scharfe Schwerter.
> Erhebe dich Gott!
> Sie haben meinen Schritten ein Netz gestellt
> und meine Seele gebeugt;
> Sie haben vor mir eine Grube gegraben.
> Erhebe dich Gott!"
> *Aus Psalm 57*

Wie sehr Worte uns treffen können, sagt unsere Sprache sehr deutlich. Ich bin wie vor den Kopf geschlagen. Es treibt mir die Tränen in die Augen. Eine Kränkung schnürt mir die Kehle zu, macht mich sprachlos, die Stimme versagt, mir bleibt sogar die Spucke weg. Etwas macht mir das Herz schwer oder schlägt mir auf den Magen, es geht an die Nieren und zieht mir den Boden unter den Füßen weg.

Schon Hildegard von Bingen wusste: „Was kränkt, macht krank." Es trifft jeden an seinem Schwachpunkt: Herz, Magen oder Rücken. Auch die Haut kann allergisch reagieren. Manche Fachleute sprechen davon, dass die Haut zur Abwehr von Kränkungen Schuppen bildet, eine Art Panzer. Es könnte sein, dass so die Entstehung von Schuppenflechte (Neurodermitis) begünstigt wird.

Jeder weiß, wie es sich anfühlt, gekränkt zu werden. Der gute Ruf, die Leistungsfähigkeit werden zerstört. Heruntergeschluckter Ärger entwickelt ein Eigenleben. Nicht nur die Seele, auch der Körper ist dann verletzt und beschwert.

## Was hilft bei Kränkungen?

Wie wir auf Kränkungen reagieren, hängt von unserer seelischen Befindlichkeit ab. Wenn wir ein gutes Selbstwertgefühl haben, können wir ganz sachlich überlegen, welche Reaktion sinnvoll wäre. Wir könnten zum Beispiel sagen, dass uns diese oder jene Bemerkung verletzt hat, dass wir ärgerlich sind und eine Entschuldigung erwarten. Das ist in jedem Fall besser, als in die Opferrolle zu fallen und sich stumm zurückzuziehen.

Bei Kränkungen in der Öffentlichkeit ist es wichtig, sofort zu reagieren und Dinge richtigzustellen. Vielleicht fällt mir eine schlagfertige Antwort ein oder ich kann mit Humor reagieren: „Weißt du was? Das Schlimme ist: Du hast recht! Ich sehe es ähnlich!" Vielleicht machen solche Worte den Angreifer ja sprachlos.

Mir selbst hilft es, im Fall einer Kränkung zu überlegen: Warum sagt er oder sie das zu mir? Warum tut sie mir das an? Geht es ihr selbst nicht gut? Lässt sie ihren Ärger über etwas ganz anderes an mir aus? Das kann den Schmerz mildern. Vielleicht wird dadurch sogar ein Gespräch möglich.

Aber manchmal ziehe ich mich auch still zurück wie ein verwundetes Tier und lecke meine Wunden. Ein bisschen Selbstmitleid ist ganz schön, wenn es nicht zu lange anhält. Ich habe dann das Bedürfnis, mir selbst etwas Gutes zu tun: ein heißer Kaffee, eine gute Schokolade, Musik oder – was mir am meisten hilft – mit anderen darüber zu sprechen. Vielleicht kommt dann heraus, dass ich durch mein Verhalten mit Schuld trage an der geschehenen Kränkung.

Von Sokrates, dem griechischen Philosophen, wird erzählt, dass er einen Fußtritt ganz gelassen hinnahm. Seine Schüler wunderten sich darüber. Er sagte: „Würde ich denn, wenn ein Esel mich gestoßen hätte, ihn verklagen?" Auf die Frage, ob ihn die häufigen Kränkungen nicht verletzten, antwortete er: „Nein, denn was man da sagt, passt nicht auf mich!"

Nicht das Verhalten des anderen ist maßgebend, sondern wie ich seine Worte bewerte. Ein gesundes Selbstbewusstsein ist wichtig.

Es hilft, wenn ich mich frage: Bin ich vielleicht zu empfindlich und lege jedes Wort auf die Goldwaage? Oder mache ich aus einer Mücke einen Elefanten? Spiele ich die beleidigte Leberwurst und reagiere wie eine Mimose? Robuste Menschen haben es leichter, sie haben weniger Angst vor Zurückweisung, weil sie wissen: Was andere über uns reden, sagt mehr über sie selbst aus als über uns.

Überall auf der Welt versuchen Menschen, sich vor Kränkungen zu schützen. Um den bösen Blick zu vermeiden – speziell den der Schwiegermutter –, trägt man in manchen Ländern ein kleines, in Silber gefasstes Glasauge als Kettenanhänger. In Neuguinea soll ein Schweinezahn an einem Lederriemen Unglück verhindern. Steine, kleine Masken und auch Kreuze werden als Abwehrzauber getragen. Die Angst vor bösen Blicken oder Worten ist groß, weil wir Menschen so verletzlich sind.

Was wirklich hilft, wäre wohl, sich eigene Fehler und Schwächen einzugestehen. Dann wären wir weniger verletzt, wenn andere uns darauf ansprechen. Wer selbst sehr angespannt und überfordert ist, empfindet schon kleine Bemerkungen als Kränkung.

Wenig bringt es, den anderen mit Verachtung zu strafen, die kalte Schulter zu zeigen und sich zurückzuziehen. So bleibt man innerlich mit den Verletzungen beschäftigt und an den Kränkenden gebunden. Alles Denken und Fühlen kreist permanent um das erlittene Unrecht.

## Kränkungen innerhalb der Familie

In der Familie sind Vater-Sohn-Konflikte und Mutter-Tochter-Konflikte besonders häufig anzutreffen. Das Konkurrenzverhalten spielt eine Rolle dabei. Auch da ist es hilfreich, Verletzungen frühzeitig anzusprechen und nicht zu warten, bis einem der Kragen platzt.

Besser, als sich gegenseitig Vorwürfe zu machen, ist es, klar zu sagen, was man sich voneinander wünscht. Das gilt auch für die Ehe. Wenn der Alltag kommt und die erste Begeisterung füreinander schon etwas abgekühlt ist, können Worte – schnell gesagt – großen Schaden anrichten.

Die Ehe ist ein Glück, das man hüten muss. Nicht ängstlich, aber liebevoll und sorgfältig. Es gilt, darauf zu achten, was der Partner braucht, damit beide zu ihrem Recht, vor allem zu ihrem Glück, kommen.

Achtlosigkeit verletzt. Verletzungen müssen angesprochen werden: „Es tut mir leid, dass ich dich gekränkt habe. Verzeih mir!" Nichts ist schöner als eine Versöhnungsfeier. Da ist die Liebe dann ganz neu wieder da.

Ein besonderes Thema in der Familie ist der Schwiegermutterkomplex. Es gibt bereits Selbsthilfegruppen für Schwiegertöchter, die ja oft den Kürzeren ziehen. Wichtig ist es, der Schwiegermutter gegenüber respektvoll und freundlich zu sein, aber auch klar seine Wünsche zu äußern und Grenzen zu ziehen – zum Beispiel bei Einmischungen in Ehe und Kindererziehung. Ein heißer Tipp für Schwiegermütter bleibt wohl immer der, Hilfe anzubieten, sich aber nicht aufzudrängen. Und: Loben ohne Ende! Toleranz und Geduld schaden nie.

Für den Umgang mit Kränkungen – innerhalb und außerhalb der Familien – raten uns Psychotherapeuten, den eigenen Bedürfnissen Raum zu geben. Wir müssen nicht immer nur perfekt funktionieren. Denn wer sich selbst nicht mag, den mögen auch die anderen nicht, der wird häufiger gekränkt. Es ist wichtig, dass wir ein Gefühl für unseren eigenen Wert und ein gesundes Selbstvertrauen entwickeln. Wer sich liebt, kann sich verschenken und wird dabei reicher werden.

### Vom Umgang mit Kränkungen aus christlicher Sicht

Wenn Jesus vom Umgang mit Kränkungen spricht, redet er nicht wie ein Blinder von der Farbe. Er, der selbst verkannt, verachtet, verspottet, verfolgt, von seinen besten Freunden verlassen und schließlich zusammen mit Verbrechern gekreuzigt wurde, hat Gott gebeten: „Vergib ihnen, denn sie wissen nicht, was sie tun!"

Die Theologen seiner Zeit warfen Jesus vor, er sei vom Teufel besessen und treibe in dessen Kraft Dämonen aus. Seine Antwort lautete: Nein, ich tue es in der Kraft Gottes! Als Gotteslästerer wurde er beschimpft, weil er es wagte, an Gottes Stelle Sünden zu vergeben und mit Schwachen, Kranken, Armen und Ausgegrenzten jetzt schon das Reich Gottes zu feiern. Jesus galt als Freund der Zöllner, Huren und Sünder. Auch als Gotteslästerer, weil er heilte und Sünden vergab.

Er hat uns gesagt, wie wir als gekränkte, seelisch verletzte Menschen uns verhalten sollen: „Seid barmherzig, wie euer Vater im Himmel barmherzig ist. Verzeiht, wie euch verziehen wird." Er geht noch einen Schritt weiter: „Segnet, die euch fluchen. Tut denen Gutes, die euch hassen. Bittet für die, die euch beleidigen und verfolgen" (Matthäus 5,44).

Einmal habe ich es so erlebt. Es war in Hamburg auf der Reeperbahn. Ein Mann von der Heilsarmee stand da mit seiner Gitarre und sang ein Lied. In dem Moment ging oben in dem Haus, vor dem er stand, ein Fenster auf und jemand schüttete einen Eimer Wasser über ihn. Als er sich von dem Schreck erholt hatte, grüßte er nach oben und rief: „Gott segne Sie!" Dem Mann wäre fast der Eimer aus der Hand gefallen. Schnell machte er das Fenster zu.

„Menschen, für die ich bete, kann ich nicht mehr hassen", hat Dietrich Bonhoeffer gesagt. Vom Hass befreit zu sein – welch ein Geschenk! Was immer andere von mir denken und zu mir oder über mich sagen: Ich und die anderen sind von Gott geliebte Menschen.

Soll ich mich als Christ denn überhaupt nicht wehren? Muss ich mir alles gefallen lassen? In der Bibel steht: „Wenn dich jemand auf deine rechte Backe schlägt, dem halte auch die andere hin" (Matthäus 5,39). Ein Schlag auf die rechte Backe des Gegenübers geschah in der Antike, um Untergebene zurechtzuweisen, auch zu demütigen. Man schlug mit dem Handrücken der rechten Hand. Die Aufforderung „Halte die andere Backe hin" bringt den Gegner in Verlegenheit. Wenn er die linke Backe treffen will, müsste er mit der rechten Hand*fläche* (nicht mit dem Hand*rücken*) schlagen. Das aber weist auf den sportlichen Kampf zweier gleichberechtigter Partner hin.

Wer die linke Backe hinhält, zeigt: „Ich lasse mich nicht demütigen!" Der Gegner wird irritiert sein. Er hat seine Macht, zu beschämen, eingebüßt. Ohne handgreiflich zu werden, könnte der Gekränkte also sagen: „Ich lasse nicht zu, dass du mich kleinmachst, fertigmachst, beleidigst. Komm, wir reden offen und sachlich über das Problem als Menschen, die beide ihre Stärken und Schwächen haben." Das wäre eine Art, sich zu wehren und die eigene Person zu schützen.

Ich kann und darf mich abgrenzen. Ich kann Ja oder Nein sagen zu Kränkungen, Erwartungen und Kritik. Denn ich habe einen starken Schutzwall um mich herum. „Von allen Seiten umgibst du mich und hältst deine Hand über mir" (Ps. 139). Wenn unser Name in den Dreck gezogen wird, sollen wir wissen: Gott hat uns in das „Buch des Lebens" geschrieben. Da ist unser Name aufgezeichnet. So steht es in Psalm 69. Das Buch des Lebens ist ein Bild für Gottes Aufmerksamkeit und Achtsamkeit für jeden einzelnen Menschen. Bei Gott hat sein Name Klang und Geltung. Er wird nicht vergessen.

Der Prophet Jeremia war einer, dem solche Zuversicht zu entgleiten drohte. In dieser Situation rief er zu Gott: „Heile du mich, Herr, so werde ich heil! Hilf du mir, so ist mir geholfen" (Jeremia 17,14). Ein solches Gebet kann den Teufelskreis von Kränkung und Vergeltung unterbrechen.

Das alte Lied von Paul Gerhardt fasst diese Glaubenserkenntnis in die Worte:

„Befiehl du deine Wege
*und was dein Herze kränkt,*
der allertreusten Pflege
des, der den Himmel lenkt.
Der Wolken, Luft und Winden
gibt Wege, Lauf und Bahn,
der wird auch Wege finden,
da dein Fuß gehen kann."

# Ein Lied gegen die Angst

## *Gegenkräfte mobilisieren*

Verstimmungen, schlechte Laune oder Kränkungen sind schwer zu ertragen, aber sie gehen irgendwann vorüber. Anders ist es mit der Angst. Sie begleitet uns lebenslang.

Es gibt viele Gründe, Angst zu haben. Wir alle haben Angst vor der ungewissen Zukunft, vor Krankheiten, Verlusten, Unfällen. Vor Terror, Krieg und Gewalt.

Junge Menschen haben Angst, keinen Lebenspartner zu finden. Nicht den gewünschten Beruf ausüben zu können. Werden sie überhaupt Arbeit finden?

Die Älteren fürchten, den Anforderungen des Lebens nicht mehr gewachsen zu sein, krank zu werden, hilflos, senil. Sie haben Angst vor der Einsamkeit und dem Sterben.

Diese Ängste sind nicht immer gegenwärtig; dann könnten wir ja kaum noch leben, geschweige denn das Leben genießen. Aber sie können uns jeden Moment überfallen. Eine kleine Bemerkung, eine Frage, eine Zeitungsnotiz, eine Diagnose kann Angst auslösen. Angst gehört zum Leben. Ich kann sie nicht vermeiden, so wenig ich das Leben vermeiden kann.

## Angst in unterschiedlichen Lebensphasen

Die Fachleute sind sich in einem einig: Angst beginnt sehr früh. Gegen Ende der Schwangerschaft wird es dem Kind im Mutterleib angst und bange, weil es zu eng wird. Das Kind strebt ins Offene, Weite. Aber das macht erneut Angst, weil alles nun völlig neu ist. Das Kind – vom warmen, dunklen Bauch der Mutter getrennt – hat nun Trennungsängste.

Die Erfahrung von Enge (lateinisch: *angustiae*), die Angst hervorruft, machen wir im Leben immer wieder. Weite ist Befreiung. Die Angst weicht. Man fühlt sich wie neu geboren. Wenn möglich, fliehen wir aus Enge und Fesseln. Schon ein geschlossener Raum kann Angst auslösen. Es gab für mich Zeiten, da konnte ich in einem Kino nicht in der Mitte sitzen. Es gab ja Randplätze! Auch bei meinem ersten Flug von Stuttgart nach Berlin überfiel mich eine beklemmende Angst, denn ich konnte unterwegs ja nicht aussteigen. Ich sprach den Unbekannten neben mir an: „Können Sie mir vielleicht 20 DM wechseln?" Er konnte. Ich brauchte gar kein Kleingeld, aber was hätte ich sonst sagen sollen? Die Angst war verflogen.

Weil Angst schrecklich ist, haben wir Angst vor der Angst. Aber wenn es gelingt, eine diffuse Angst in eine benennbare zu verwandeln, wenn wir sagen können, wovor wir uns fürchten, können wir Strategien zur Bewältigung der Angst entwickeln.

Es gibt nämlich Gegenkräfte: Mut, Vertrauen, Hoffnung, Glauben, Liebe. Sie helfen uns, Angst anzunehmen und uns mit ihr auseinanderzusetzen, um sie immer wieder zu besiegen.

> „Die Angst klopft an die Tür.
> Das Vertrauen öffnet.
> Niemand steht draußen."
> *Chinesische Weisheit*

Angst sieht in den jeweiligen Lebensphasen unterschiedlich aus. Wird ein Kleinkind für längere Zeit allein gelassen, schreit es aus Angst, für immer verlassen worden zu sein. Mit etwa acht Monaten fremdeln manche Kinder, wenn Unbekannte in ihre Nähe kommen. Neues macht Angst. Als unsere Tochter Isabel zwei Jahre alt war, legten wir ihr beim Abendessen eine kleine Sardine auf den Teller. Sie sah den winzigen Fisch und sagte: „Angst!"

Andererseits gibt es bei kleinen Kindern ein hundertprozentiges Vertrauen. Unser Enkelsohn Paul kletterte auf einem Spielplatz an den Geräten herum. Als er ganz oben war, rief sein Vater: „Spring!" Und Paul sprang in die offenen Arme seines Vaters. Aber leider sprang er auch – weil es so schön war zu fliegen –, als sein Vater sich für einen Moment weggedreht hatte. Er konnte ihn gerade noch am Arm greifen. Pauls Vertrauen war groß, zu groß! Also wurde er zur Vorsicht ermahnt. Er sollte vor der Gefahr Angst haben, sonst kostete es vielleicht sein Leben.

Erwachsene kennen im Wesentlichen zwei Arten von Angst: Es gibt die benennbaren, konkreten Gefahren und Ängste, die uns aktiv machen, um das bedrohte Leben zu schützen. Vor einer giftigen Schlange laufe ich – wenn möglich – schnell weg! Und es gibt die neurotischen Ängste, die zur Blockade der Lebenskräfte führen, bis hin zur Panikattacke (verursacht durch die Verdrängung innerer und äußerer Wirklichkeit).

Menschen, die von dieser schrecklichsten Form der Angst berichten, sagen: „Es ist ein absolutes Ohnmachtsgefühl. Man hat sich nicht mehr im Griff. Das Herz rast. Der linke Arm ist wie gelähmt. Man hat den Tod vor Augen und denkt: ‚Jetzt sterbe ich. Es ist aus.'" Es braucht Jahre, um sich davon zu erholen und wieder in der Lage zu sein, den Alltag zu bewältigen. Das geht nur mithilfe von Therapeuten.

Angst ist nicht nur eine Angelegenheit der Seele, sondern betrifft den ganzen Körper. Unsere Sprache sagt das sehr deutlich: Angst lässt unser Herz schneller schlagen, die Knie zittern oder werden weich. Der Puls jagt. Die Haare stehen einem zu Berge (bei Hunden sieht man das noch deutlicher). Es läuft einem kalt den Rücken herunter. Uns bricht der kalte Schweiß aus. Der Atem stockt. Die Augen sind weit aufgerissen. Die Muskeln verspannen sich. Man ist wie gelähmt.

## Das Sichfürchten lernen?

Es ist wichtig, dass wir lernen, uns auf rechte Weise zur rechten Zeit zu fürchten. Die Pointe des Märchens „Von einem, der auszog, das Fürchten zu lernen" ist: Man muss so lange unterwegs sein, bis man lernt, sich zu fürchten, und weiß, was Angst ist, um damit richtig umzugehen. Wer keine Angst kennt, läuft blindlings in jede Gefahr hinein.

Für uns heißt das: Wenn wir unsere persönlichen Sorgen und Befürchtungen beim Namen nennen und darüber sprechen, entreißen wir uns der allumfassenden, beklemmenden Angst. Sören Kierkegaard spricht von einem Abenteuer, das jeder Mensch zu bestehen hat. Es geht für den Menschen darum, „Angsthaben zu lernen, damit er nicht verloren sei, entweder dadurch, dass ihm nie angst gewesen ist, oder dadurch, dass er in der Angst versinkt. Wer daher gelernt hat, auf rechte Weise Angst zu haben, der hat das Höchste gelernt."

Vor längerer Zeit hatte ich einen Angsttraum. Ich träumte, ich wäre mit unseren vier Kindern allein im Haus. Plötzlich hörte ich mitten in der Nacht ein Geräusch wie von Einbrechern. Ich hatte große Angst, sprang aus dem Bett und lief in die Küche. Dort holte ich einen Beutel mit gefrorenem Hack aus dem Tiefkühlfach – nicht, um den Einbrecher damit zu erschlagen, was ja nahegelegen hätte, sondern, um den Kindern daraus Frikadellen zu braten.

Diese alltägliche Aktivität half mir. Ich konnte etwas tun, anstatt nur Angst zu haben. Etwas Lebenserhaltendes! Aber mein Herz fühlte sich immer noch an, als wäre ein enges Band darum gelegt. In dieser beklemmenden Angst sagte ich: „Herr, hilf mir!" Ich spürte ein wenig Erleichterung und wachte auf.

Ich wusste: Es war ein Traum, nichts weiter. Aber

mein Herz schlug unruhig und schwer. Ich sagte jetzt – in wachem Zustand: „Herr, lege deinen Frieden auf mein Herz!" Da wurde es langsam besser. So haben es viele Menschen vor mir erfahren: „In der Angst rief ich den Herrn an; und der Herr erhörte mich und tröstete mich" (Psalm 118,5).

Aber warum hatte ich solch einen Traum? Unsere Kinder sind längst aus dem Haus. Sie haben ihre eigenen Familien. Zeiträume spielen im Traum eben keine Rolle. Vielleicht war ich mit gewissen Sorgen oder Ängsten eingeschlafen und diese Besorgnis hatte sich dann auf etwas anderes übertragen.

Also: Sorgen Sie dafür, dass immer etwas tiefgefrorenes Hack im Haus ist!

## Eine Hand, die uns festhält

Die Psychotherapeutin Verena Kast rät dazu, sich der Angst zu stellen. Nur so bekommen wir Zugang zu dem, was verändert werden muss, aber auch zu dem, was uns Halt gibt.

In den über zweitausend Jahre alten Liedern, den Psalmen, lesen wir, dass Menschen bei Gott Halt gefunden haben. „Meine Augen sehen stets auf den Herrn. Denn er wird meinen Fuß aus dem Netz ziehen." Aber schon zwei Verse weiter heißt es: „Die Angst meines Herzens ist groß. Führe mich aus meinen Nöten" (Psalm 25, 15.17).

Wir bleiben die Bittenden, Menschen, die immer wieder zu Gott rufen, Befreiung erfahren und sich erneut fürchten, bis wir einmal dort sind, wo es keine Ängste mehr gibt.

So hat es auch der Dichter des 71. Psalms beschrieben: „Gott, du lässt mich viele und große Angst erfahren und machst mich wieder lebendig und holst mich wieder herauf aus den Tiefen der Erde. Du machst mich sehr groß und tröstest mich wieder."

Selbst Jesus, der Sohn Gottes, kannte die Angst. Im Garten Gethsemane – auf dem Weg zum Kreuz – rang er mit Gott: „,Mein Vater, ist's möglich, so nimm diesen Kelch von mir. Doch nicht mein, sondern dein Wille geschehe.' Da kam ein Engel vom Himmel und stärkte ihn."

Eine Stärkung vom Himmel her, wenn uns angst und bange ist, das wünschen wir uns auch. Wir hoffen auf Kraft und Zuversicht. Auf Gelassenheit und Gewissheit, in Gottes Hand geborgen zu sein, komme, was mag. Jesus hat Ängste, Schmerzen, Verlassenheit und Tod durchlitten. Aber Gott hat ihn aus dem Tod auferweckt und ein Leben geschenkt, das nicht mehr vergeht. Der Auferstandene verspricht: „Ich lebe und ihr sollt auch leben." An der Grenze des Todes wird er uns entgegenkommen.

Er ist es, der unsere Angst zur Ruhe bringt. Er gebietet den Chaosmächten und dem Sturm. So erzählt es die Geschichte von der Sturmstillung im Matthäusevangelium:

Die Jünger waren mitten in der Nacht in einem Fischerboot auf dem See Genezareth unterwegs. Sie hatten Angst um ihr Leben. Da sahen sie eine Gestalt über das Wasser kommen und erschraken: „Ein Gespenst!" Aber dann redete Jesus mit ihnen: „Habt keine Angst!

Ich bin's!" Daraufhin sagte Petrus zu Jesus: „Ruf mich zu dir!" Jesus antwortete: „Komm her!"

Solange Petrus auf Jesus blickte, war er so leicht, dass er über das Wasser (als Ort der Dämonen) gehen konnte. Als er jedoch auf die Wellen sah, begann er zu sinken und schrie: „Herr, hilf mir!" Jesus hielt den sinkenden Petrus.

Wenn die Angst weicht, weil es eine Hand gibt, die uns festhält, wird uns leichter ums Herz. Die Lebensfreude kehrt zurück. Alles ist gut – und leicht! – wenn wir unseren Schwerpunkt in Gott haben. Dann können wir einstimmen in ein Lied gegen die Angst:

> Der Herr ist mein Licht und mein Heil,
> vor wem sollte ich mich fürchten?
> Der Herr ist meines Lebens Kraft,
> vor wem sollte mir grauen?"
> *Psalm 27*

> Die Nacht,
> in der
> das Fürchten
> wohnt,
>
> hat auch
> die Sterne
> und den
> Mond.
>
> *Mascha Kaléko*

# Hintergrundgeräusche

## *Im Auf und Ab der Stimmungen*

$\mathcal{U}$nsere Stimmungen – positive und negative – sind als „Hintergrundgeräusch" des Lebens immer vorhanden. So hat es der französische Psychiater und Psychotherapeut Christophe André einmal formuliert. Sie halten länger an als die Ereignisse oder Befindlichkeiten, die sie ausgelöst haben. Um mit ihnen umgehen zu können, ist es gut, ab und zu innezuhalten und einen Schritt beiseitezutreten, um ihnen besser zuhören zu können. Sind sie eher positiv (gute Laune, Gelassenheit, Begeisterung) oder negativ (Trübsal, Sorgen, Schuldgefühle)? Oder ist es eine Mischung aus beidem? Was braucht unser Körper: Ruhe oder Energie? Vielleicht beides?

Besser als Rückzug und Grübelei, die zu nichts führen, ist es, sich frischen Wind um die Ohren wehen zu lassen, offen und neugierig zu bleiben, dem Leben zugewandt. Christophe André rät: „Halte den Geist wie ein Segel in den Wind!"

Als ich diesen Satz in seinem Buch „Die Launen der Seele" las, dachte ich an Pfingsten, an das allererste Pfingstfest, wie es in der Apostelgeschichte beschrieben wird: Plötzlich geschah „ein Brausen vom Himmel wie von einem gewaltigen Wind", der das ganze Haus erfüllte, in dem die Jünger sich versammelt hatten. Und dieser Wind Gottes, sein Geist und sein Feuer, erfüllte die Herzen der Jünger, sodass sie anfingen, von den „großen Taten Gottes" zu reden. Alle, die zuhörten, verstanden ihre Worte, obwohl sie aus ganz unterschiedlichen Sprachräumen kamen. Die Botschaft war: Gott hat den gekreuzigten Jesus vom Tod auferweckt und ihn zum Herrn und Christus gemacht.

Gottes Kommen ist wie ein Wind, von dem man nicht weiß, woher er kommt und wohin er weht. Wind und Weite haben etwas Befreiendes. Ich denke an die Zeit, als wir in den Tropen – sechs Grad südlich des Äquators – lebten. Wie angenehm war es, wenn um die Mittagszeit eine leichte Brise kam und man wieder aufatmen konnte.

## Gottes Atem – unser Leben

Gottes Wind, sein Geist, sein Atem gab der Welt das Leben. Als die Erde noch „wüst und leer" war, ein „Tohuwabohu", und Finsternis alles bedeckte, schwebte Gottes Geist über dem Wasser. Sein Atem – den Menschen eingehaucht – machte sie zu lebendigen Wesen. Nimmt er seinen Odem weg, werden sie wieder zu Staub. Der schwerkranke Hiob weiß: „Solange Odem in mir ist und der Hauch von Gott in meiner Nase, kann ich noch leben und reden" (Hiob 27,3).

Sich dem Wind auszusetzen, erfrischt und befreit. Wir holen Atem und lassen neues Leben in uns hinein. Um eine Erneuerung des Herzens durch Gottes Geist bitten auch die Pfingstlieder. Es gibt ein ganz altes Lied – von Hrabanus Maurus in lateinischer Sprache im Jahre 809 gedichtet und von Martin Luther übersetzt:

Komm, Schöpfer, Heiliger Geist,
besuch das Herz der Menschen dein,
mit Gnaden sie füll, denn du weißt,
dass sie dein Geschöpfe sein.

Ich hatte die französische Version dieses Liedes – in Neuchâtel während des Studiums erworben – viele Jahre an der Wand hängen: „Viens, Esprit Créateur, remplis les coeurs des fidèles que tu as créés." Von Mönchen auf Pergament geschrieben und wunderschön verziert. Wie lange sie wohl daran gearbeitet hatten? Immer mit der Bitte: „Fülle auch *mein* Herz mit Gnade! Lass auch *mich* einen Hauch von deinem Geist spüren!"

Carlo Carretto, der viele Jahre in der Wüste gelebt hat, machte die Erfahrung: „Gott umarmt dich mit dem Wind, der dir durchs Haar fährt, er küsst dich mit dem ersten Strahl der Morgensonne." Für ihn war das Sichtbare und Fühlbare ein Hinweis auf das Unsichtbare.

### *In seinem Wort mein Glück*

Auf einer Kreuzfahrt, für die ich als Schiffspastorin engagiert war, bat ich unseren Conferencier – wie auch andere Künstler –, beim Schlussgottesdienst mitzuwirken und einen Psalm zu lesen. Ali sagte: „Klar, mach ich! Für dich tu ich alles! Und vortragen kann ich ja. Aber ich hab keine Bibel!"

„Kein Problem." Ich gab ihm die große Schiffsbibel. „Psalm 138. Zettel liegt drin!"

Am nächsten Morgen kam Ali mit der Bibel unter dem Arm auf mich zu: „Du bist schuld, dass ich die ganze Nacht nicht geschlafen hab! Dieser Psalm ... da steht ja immer: ‚ich' und ‚du'. Wenn *ich dich* anrufe, dann erhörst *du mich* und gibst meiner Seele große Kraft ... wenn *ich* in Angst bin, dann erquickst *du mich* ... und hilfst *mir*."

Und mit genau dieser Betonung von *ich* und *du* (dick unterstrichen!) las er den Psalm im Gottesdienst auch vor. Die Passagiere sagten, so hätten sie es noch nie gehört. Die Erfahrung von Nähe und Liebe hat ja immer mit dem Ich und Du zu tun. Manchmal macht sie schlaflos, aber glücklich.

Eva Zeller stellt ihrem Gedichtband „Das unverschämte Glück" folgende Zeilen voran:

> Bibellesen
> Nicht dass ich es
> nur lese um es
> zu lesen
>
> Ich habe das
> unverschämte Glück
> am Tropf dieser
> Worte zu hängen

## Wenn Gott schweigt

In seinem Buch „Der geköpfte Hahn" äußert sich Eginald Schlattner eher skeptisch dazu, wie und ob überhaupt etwas von Gottes Reden für uns verstehbar ist: „Man kann nicht mir nichts, dir nichts Gott zum Sprechen bringen … Und spricht er, spricht er in Rätseln wie damals aus dem Dornbusch, als Mose ihn nach seinem Namen fragte. Schwer zu übersetzen: Ich bin, der ich bin. Ich werde sein, der ich sein werde. Oder in Träumen. Oder in Bildern. Oder in Taten. Oder im Schweigen."

Als ich das las, erinnerte ich mich an eine lange zurückliegende Unterhaltung mit Micha (9). Er war vom Angeln gekommen. An seinen Händen und Knien klebte grauschwarzer Schlamm. Gegen meinen Schreibtisch gelehnt, fragte er: „Was machst du? Was schreibst du da auf der Maschine?"

„Ach … nur eine kleine Geschichte. Darüber, wie Gott manchmal mit uns redet – durch seine Zusagen."

„Meinst du, was Gott zu dir sagt?"

„Ja."

„Komisch, mit mir redet er nicht."

(Unsere Unterhaltung ging weiter, aber eigentlich war Micha mehr daran interessiert, ein paar neue Köder zum Angeln zu finden. Zum Beispiel Weißbrot, aus dem man kleine Kügelchen machen kann, die langsam untergehen.)

Wenn Gott redet, entsteht Leben. Durch sein Wort „Es werde Licht!" hat er die Schöpfung ins Sein gerufen. Doch wenn er zu unseren Bitten und Fragen schweigt und sehr fern erscheint, könnten wir wohl einstimmen in die Klage Hiobs, der alles verloren hatte, was ihm lieb war.

Wie eine Wolke zog mein Glück vorbei.
Ich schreie zu dir, aber du antwortest mir nicht.
Ich stehe da, aber du, Gott, achtest nicht auf mich.
Du hast dich mir verwandelt in einen Grausamen.
In mir kocht es und hört nicht auf.
Mein Flötenspiel ist zum Trauerspiel geworden.
*Aus Hiob 30,15–31*

Auch der Dichter des 13. Psalms klagt:
Herr,
wie lange willst du mich so ganz vergessen?
Wie lange verbirgst du dein Antlitz vor mir?
Wie lange soll ich mich ängstigen
in meinem Herzen, täglich?
Wie lange soll sich mein Feind über mich erheben?

Das Warten ist schwer zu ertragen. Wir leiden an Gott, „an seiner Dunkelheit und seiner Unverstehbarkeit. Gott zu vermissen, gehört zu unserem erwachsenen Gottesglauben", schreibt Fulbert Steffensky.

In solchen Zeiten hilft es, die tägliche Routine der Arbeit einmal zu unterbrechen, um die uns umgebende Natur wahrzunehmen. Das ist eine Wohltat für Körper und Seele – und sei es nur ein Weg über die Felder hinter dem Haus und das leuchtende Gelb des Löwenzahns auf den Wiesen.

## Eingebunden in Gottes Schöpfung

Der amerikanische Schriftsteller Henry David Thoreau schreibt in seinem Tagebuch: „Könnten wir Tag für Tag die Sonne beim Auf- und Untergehen betrachten und uns so an eine universelle Erscheinung binden, würde das unsere Gesundheit für immer bewahren." Es erleichtert, macht Schweres erträglicher, wenn wir uns eingebunden fühlen in ein Großes, Ganzes, das vor uns da war und uns überdauern wird: Meere und Berge, Flüsse und Täler. Als Jesus mit seinen Zeitgenossen über die Sorgen und Ängste des Lebens sprach, wies er auf die Lilien hin und das Gras unter ihren Füßen, auf die Vögel unter dem Himmel. Wenn Gott schon so gut für Tiere und Pflanzen sorgte, sollte er dies nicht viel mehr für seine Menschen tun? „Sorgt nicht für den anderen Morgen. Es ist genug, wenn jeder Tag seine Plage hat."

„Achtsamkeit" ist ein Wort, das wir zurzeit häufig hören und lesen. Es bedeutet, dass wir achtsam umgehen mit allem, was uns umgibt, auch achtsam sind mit uns selbst und unseren Kräften.

## Die Botschaft des nächtlichen Himmels

Als unser Kreuzfahrtschiff aus dem Hafen von Sydney auslief – ein letzter Blick auf Harbour Bridge und Opera House – und Kurs auf Perth/Westaustralien nahm, freuten sich die Passagiere schon auf die geplanten Ausflüge. Die „Roaring Fourties", die Stürme des 40. Breitengrades, waren nicht so schlimm wie befürchtet und so kamen wir heil in Perth an. Albany mit seinen herrlichen Sandstränden und den rosa Muscheln war für mich das Schönste von diesem Reiseabschnitt.

Viele Passagiere flogen nach Alice Springs zum berühmten Ayers Rock, dem riesigen Felsblock in der Wüste, der je nach Sonnenstand seine Farbe wechselt. Als ich am nächsten Tag fragte: „Wie war's? Hat sich der Flug gelohnt?", meinte einer der Touristen: „Es war unbeschreiblich schön: dieser Felsen, die Farben beim Sonnenuntergang und dann wenig später der Sternenhimmel über uns. Ich habe noch nie so leuchtende Sterne gesehen. Und diese unendliche Weite ... da werden die eigenen Pläne und Sorgen ganz klein und man selbst auch."

Der Himmel hatte neue Maßstäbe gesetzt. Ich dachte an die Worte des 8. Psalms: „Wenn ich sehe die Himmel, deiner Finger Werk, den Mond und die Sterne, die du, Gott, bereitet hast; was ist der Mensch, dass du seiner gedenkst, und des Menschen Kind, dass du dich seiner annimmst?"

Und weil es zu wenig ist, wenn nur Menschen Gott dafür danken, werden sogar die himmlischen Geschöpfe aufgefordert: „Lobt ihn, alle leuchtenden Sterne!" (Psalm 148)


## Wenn ein Engel kommt

Worte von Gott können ein Schutzwall sein gegen Traurigkeit und Verzagtheit, gegen Lähmung und Resignation. Sie geben der Seele Flügel, Kraft aus Gottes Kraft, Inspiration aus seinem Geist und Lebensmut.

Gott, der durch sein Wort die Welt erschaffen hat, hält auch uns am Leben. Manchmal schickt er uns einen Engel, der uns unter die Arme greift und sagt: „Komm, steh auf! Ich helfe dir!"

So erging es vor langer Zeit dem Propheten Elia. Er musste vor Isebels Mordabsichten fliehen und kam nach Beerscheba. Von dort aus ging er in die Wüste – eine Tagesreise weit – und wollte nur noch sterben: „Es ist genug, Herr, so nimm nun meine Seele ..." Er legte sich hin und schlief unter einem Wacholderstrauch. Aber ein Engel rührte ihn an und sprach: „Steh auf und iss!" Elia sah neben seinem Lager ein geröstetes Brot und einen Krug mit Wasser. Nachdem er sich gestärkt hatte, legte er sich wieder schlafen.

Aber der Engel kam noch einmal: „Steh auf und iss! Denn du hast einen weiten Weg vor dir!" Da stand Elia auf, aß und trank und ging dann vierzig Tage und vierzig Nächte bis zum Berg Gottes, dem Horeb. Dort wollte Gott erneut mit ihm reden. – Diese wunderbare Erzählung steht im 1. Buch der Könige, im 19. Kapitel.

### Gelassenheit

„Ein gelassenes Herz ist des Leibes Leben" (Sprüche 14,30).

Gestern fiel mir im Souterrain unseres Hauses ein kleines, altes Gesangbuch in die Hände. Es *fiel* eigentlich

nicht, sondern stand dort im Bücherbord zwischen eini-
gen großen Bibelausgaben und sah so verloren aus, dass
ich es herauszog. Dann griff ich ein paar Äpfel – darum
war ich eigentlich in den Keller gegangen – und setzte
mich in der Küche auf meinen Hocker. Die Äpfel konnten warten.

Ich klappte den Gesangbuchdeckel auf: Es war mein
Konfirmationsexemplar! Auf der Innenseite der gepress-
te Maiglöckchenstrauß – jetzt beige-braun und eher
hässlich. Das Papier darunter faltig, weil die Frisch-
haltefolie etwas zu stramm darübergespannt war. Das
hatte mich damals schon sehr betrübt. Ich spürte das
Gefühl noch.

Ein Maiglöckchenstrauß mit weißem Spitzentaschen-
tuch auf dem Gesangbuch – so gehörte es sich. Im kalten
Märzwind trugen wir dies Arrangement vor uns her bis
zur Kirche. Dann der gemeinsame Einzug. Für die Jungen
genügte etwas Buchsbaum im Knopfloch.

Als ich im Gesangbuch blätterte, fiel mein Blick auf
das Lied „Wunderanfang, herrlich Ende ...“ Ich kannte
es noch gut, weil wir damals viele Lieder auswendig gelernt hatten. Den dritten Vers mochte ich besonders gern.

Gottes Weg ist in den Flüssen
und in großen Wassergüssen
und du spürst nicht seinen Fuß.
So auch in dem Meer der Sorgen
hält Gott seinen Pfad verborgen,
dass man nach ihm suchen muss.

Zu meiner großen Freude fand ich im vierten und fünften Vers die Zeilen wieder, die ich seit vielen Jahren in meinem Herzen mit mir herumtrage, weil sie mir alle Gelassenheit der Welt – und des Himmels! – schenken. Aber ich konnte mich nicht erinnern, zu welchem Lied diese Verse gehörten. Nun hatte ich sie vor Augen! Sie stammen von dem Dichter Heinrich Arnold Stockfleth aus dem 17. Jahrhundert:

> Gott muss man in allen Sachen,
> weil er alles wohl kann machen,
> End und Anfang geben frei.
> Er wird, was er angefangen,
> lassen so ein End erlangen,
> dass es wunderherrlich sei.
>
> Drum, so lass dir nimmer grauen,
> lerne deinem Gott vertrauen,
> sei getrost und guten Muts.
> Er, fürwahr, er wird es führen,
> dass du's wirst am Ende spüren,
> wie er dir tut lauter Guts.

In die neueren Gesangbücher ist dieses Lied nicht mehr aufgenommen worden. Ich konnte es also gar nicht finden. Wie gut, dass ich Äpfel für den Apfelkuchen brauchte und mich ablenken ließ durch ein Bücherbord! Manchmal liegt die Gelassenheit eben im Keller. Nicht nur bei uns. Dann stehen Sorgen und Ängste im Vordergrund. Es ist sicher gut, auch traurige Stimmungen zuzulassen.

Ohne die dunkleren Tage würden wir alles wie durch eine rosarote Brille sehen. Das Mühsame gibt unserem Leben Tiefe.

Trotzdem ist es wichtig, darauf zu achten, dass wir uns die Tage nicht selbst verdunkeln, sondern uns ab und zu etwas Gutes gönnen, das entspannt und Gelassenheit schenkt. Ich hatte mich vor einiger Zeit für eine Shiatsu-massage angemeldet, ohne recht zu wissen, was mich da erwartete. Frau Sommer – mit ihrer Praxis ganz in der Nähe – war mir empfohlen worden.

Was mich am stärksten berührte, war, wie sie ihre Behandlung begann und beendete: Nach einer kleinen Verneigung und freundlichem Lächeln, kniete sie sich – als ich vor ihr auf einer Matte lag – hin und legte ihre Hände auf meine Fußsohlen, sodass ihre Wärme in mich hineinströmte, was ein Wohlgefühl auslöste. Erst dann begann die eigentliche Behandlung: Die Energiepunkte der Meridiane wurden stimuliert, die Massage entspannte. Zum Schluss spürte ich wieder ihre warmen Handflächen auf meinen Fußsohlen. Eine kleine Verneigung und ein leises „Danke!".

Ich dachte: Bitte noch nicht aufhören! Es ist ein so unbeschreiblich herrliches Gefühl! So muss es im Himmel sein! Oder noch schöner, weil es dort ja nicht aufhört ...

Zum Schluss möchte ich Ihnen ein Wort – wie einen warmen Händedruck – mit auf den Weg geben. Es ist ein sehr altes Wort und steht im 5. Buch Mose: „Gott hat dein Wandern durch diese große Wüste auf sein Herz genommen."

# Literaturangaben

Christophe André, Die Launen der Seele, Gustav Kiepen-
heuer Verlag, 2010

Carlo Carretto, Worte aus der Wüste, Herder, Freiburg
1979

Dorothee Döring, Erste Hilfe bei Kränkungen, Ennstha-
ler Verlag Steyer 2007

Karlheinz A. Geißler, Zeit – verweile doch ..., Herder,
Freiburg 2000

Mascha Kaléko, In meinen Träumen läutet es Sturm, dtv,
München 1977

Verena Kast, Vom Sinn der Angst, Herder Spektrum,
Freiburg 1996

Sören Kierkegaard, Der Begriff der Angst, Rowohlt,
Reinbek 1964

Fritz Riemann, Grundformen der Angst, Ernst Reinhardt
Verlag, München/Basel 1961

Eginald Schlattner, Der geköpfte Hahn, dtv München
2001

Tim Schramm, ‚Pay-back'-Gesellschaft und der Verzicht auf Gewalt, in: Theodor Ahrens (Hg.), Zwischen Regionalität und Globalisierung, Hamburg 1997

Fulbert Steffensky, Der Schatz im Acker, Radius Verlag, Stuttgart 2010

H.G. Thoreau, La Vie sans Principes, Paris, Mille et Une Nuits, 2004 (zitiert nach Chr. André)

Eva Zeller, Das unverschämte Glück. Neue Gedichte, Radius Verlag Stuttgart 2010

Hanna Ahrens

# Schenk mir einen Regenbogen

96 Seiten, Taschenbuch
13. Auflage

ISBN 978-3-7655-4156-8

Schenk mir einen Regenbogen: das erste und – wie viele finden – das schönste Buch von Hanna Ahrens, das im Brunnen Verlag erschienen ist. Ein Buch voller Humor und Warmherzigkeit. Hanna Ahrens erzählt von ihrem großen Haushalt und ihren Kindern, vom Alltag, in dem so oft etwas Überraschendes, ja Wunderbares aufleuchtet.

BRUNNEN VERLAG GIESSEN
www.brunnen-verlag.de

Hanna Ahrens

# Worte, die den Tag verändern

64 Seiten, Taschenbuch
11. Auflage

ISBN 978-3-7655-3501-7

Manchmal gibt es zwischen den vielen Worten, die man täglich hört, ein Wort, einen Satz, der einem Mut macht. Und plötzlich erscheint alles in einem anderen Licht. Das sind die „Worte, die den Tag verändern". Sie eröffnen neue Perspektiven, und alles ist wie verwandelt. Eine der beliebtesten Kurzgeschichten-Sammlungen von Hanna Ahrens, jetzt neu aufgelegt.

BRUNNEN VERLAG GIESSEN
www.brunnen-verlag.de